Dieses Buch gehört:

Hölkers kleine Küchenbibliothek

Das kleine Buch der Wildgerichte

von Gisela Allkemper

verlegt von

Wolfgang Hölker

ISBN: 3-88117-420-6

Graphische Gestaltung: Rainer Eichler
Printed in Germany by Druckhaus Cramer, Greven
Buchbinderische Verarbeitung: Klemme, Bielefeld
Musterschutz angemeldet beim Amtsgericht Münster

Inhalt

Auf, auf zum fröhlichen Jagen

Gedanken zur Geschichte und zum Brauchtum des Jagdwesens

Der Mensch der Vor- und Frühgeschichte, zunächst Fischer, entwickelte sich in der Jungsteinzeit zum Jäger und Sammler. Das Wildbret wurde seine Hauptnahrung, die Häute und Schwarten dienten der Herstellung von Kleidungsstücken, aus den Knochen, Hörnern und Sehnen fertigte man Werkzeuge.
In der Gemeinschaft seines Stammes erlegte der Jäger das Wild durch Einfangen in Pfahl- oder Fanggruben. Später, als der Mensch seßhaft wurde und sich um Vieh und Felder zu kümmern hatte, jagte er das Wild, um sich vor Schäden zu schützen. Schon damals wurden Hunde als Helfer eingesetzt. Bis etwa 800 n. Chr. jagte man mittels Speer und Schwert. Jetzt interessierten sich die Herrscher für die Jagd; sie verdrängten die Bauern. Und wollte sich jemand dem Jagdverbot nicht beugen, so belegte der Allgewaltige ihn mit dem Bann und bestrafte ihn als Frevler mit einer Geldbuße, mit Pfändung von Haus und Hof oder gar mit dem Tod. Zu dieser Zeit wurden weite Waldgebiete mit dem Wildbann belegt, den übrigens Kaiser Karl der Große einführte. Danach erhielten Hof und Adel uneingeschränktes Jagdrecht. Der Allgemeinheit blieben nur die unverteilten Feldmarken, die sog. Almenden. Vom König oder Kaiser lizenziert wurden später auch weltliche Größen und die

Bischöfe. Überdies organisierte Karl der Große das ganze Jagdwesen durch; es war gegen Ende des 9. Jahrhunderts bereits hoch entwickelt. Die Jagdwaffen wurden unter Verwendung kostbarer Materialien gearbeitet, die Jagden mittels Hunden, Falken und Pferden waren gesellschaftliche Höhepunkte am Hof. Dem einfachen Mann aber erlaubte man nur den Vogelfang, und auch dafür hatte er hohe Abgaben zu entrichten.
Im hohen Mittelalter wurde die Jagd sehr intensiv gepflegt. Parforcejagden, Einstelljagden bis hin zum Fuchsprellen kamen in Mode. Besonders geschätzt: die Parforcejagd. Das Wort ist dem Französischen entlehnt (par force = durch Kraft). Diese Jagden wurden besonders groß angelegt und mit viel Pomp und glanzvoller Etikette abgehalten. Das Jagdpersonal trug prächtige Kleidung in den Lieblingsfarben und -macharten der Herrschaft. Häufig war u.a. roter Stoff mit verarbeitet, weil der weithin erkennbar machte. Die Jäger waren mit Hirschfängern, die Piqueure (sie führten die Meutehunde an) mit Peitschen und Jagdhörnern ausgerüstet. Die Pferde mußten für die Jagd ausdauernd laufen können und nicht hindernisscheu sein.
Eine tierquälerische Jagdart war die Fuchsjagd. Dazu wurden Füchse in Käfigen mit ins freie Feld genommen, freigesetzt und gejagt. Die Lunte (Schwanz) war dann die begehrte Trophäe für den Jäger oder Gast. Diese Jagdart ist heute verboten. Sie wird nur noch im Rahmen des Reitsports als

Spiel betrieben (ein Reiter hat den Fuchsschwanz zu verteidigen, die anderen versuchen, ihn einzufangen).
Zurück zum Mittelalter. Die Beliebtheit des Jagens war so groß in Mode, daß die Herrscher sich prunkvolle Jagdschlösser bauen ließen, übrigens ohne eine Entschädigung an die Bauern für verlorengegangenes Land zu entrichten bzw. für eine Behebung der Schäden zu sorgen. Groß angelegten Jagden folgten abends eindrucksvolle Feste mit höfischem Prunk.
Um 1800 etwa fiel das ausschließliche Jagdrecht der Adeligen fort; von nun an durfte jeder auf seinem Grund und Boden jagen, ohne Rücksicht auf Verluste. Schon bald zeigte es sich aber, daß auf diese Weise der Wildbestand allmählich ausgerottet wurde. Man forderte ein allgemeines Jagdrecht.

Die landesherrlichen Jagden wurden in Staatsjagden umgewandelt. Die Eigentümer von Grund und Boden oder auch Jagdpächter benötigten eine Jagderlaubnis. Die Parforcejagd und der Vogelfang wurden verboten. Man beschränkte sich auf die auch heute ausgeführten Jagdformen, wie z. B. Treibjagd, Ansitz, Fallenjagd, Suchjagd. Höhepunkt im Jahreszyklus ist die Hubertusjagd (3.November), eine großangelegte Treibjagd, die ihren Namen dem Schutzpatron der Jäger verdankt. Das abendliche Schüsseltreiben in gemütlicher Runde bildet den Abschluß des ereignisreichen Tages.

Jagdzeiten – Schonzeiten

Nach der VO des Bundesministers für Landwirtschaft und Forsten vom 2. April 1977 darf nur solches und soviel Wild geschossen werden, daß der Bestand erhalten bleibt. Tiere aus der freien Natur, die als Wildbret genießbar sind und verarbeitet werden, sind in 2 große Gruppen eingeteilt: Haarwild und Wildgeflügel (Federwild). Das Haarwild wird gegliedert in Schalenwild (Rothirsch, Damhirsch, Reh, Elch, Gemse, Mufflon, Schwarzwild) und Ballenwild (Hase, Kanin). Beim

Federwild unterscheidet man Wildhühner (Rebhuhn, Schnepfe, Fasan) und Wasservögel (Enten und Gänse) sowie die Tauben und Wachteln.
Da Wildfleisch fettarm, leicht verdaulich und von besonderem Geschmack ist, zählt es zu den Besonderheiten einer Mahlzeit. Um ein planloses Abschießen zu verhindern und um Mutterwild zu schonen, gibt es detaillierte, verbindlich festgelegte Jagdzeiten. Wenn Sie also Ihren Wildbraten frisch, nicht tiefgekühlt kaufen wollen, dann hilft Ihnen folgende Tabelle beim Einkauf.

Rehwild:
Kitze vom 1. September bis 28. Februar
Ricken vom 1. September bis 31. Januar
Schmalrehe vom 16. Mai bis 31. Januar
Böcke vom 16. Mai bis 15. Oktober

Gamswild:
vom 1. August bis 15. Dezember

Schwarzwild:
vom 16. Juni bis 31. Januar

Hasen/Kanin:
vom 16. Oktober bis 15. Januar

Fasane:
vom 16. Oktober bis 15. Januar

Rebhühner:
vom 1. September bis 15. Dezember

Enten:
vom 1. September bis 15. Januar

Tauben:
vom 1. Juli bis 30. April

Schnepfen:
vom 16. Oktober bis 15. Januar

Beim Jagen achtet der Schütze darauf, daß er vornehmlich die männlichen Tiere schießt und das Mutterwild zur weiteren Fortpflanzung schont. Um auch bei Nichtjägern ein wenig Verständnis für die Jagd zu gewinnen, seien hier kurz einige Erläuterungen gegeben:

1. Rehwild
Da Ricken und Kitze in der Sommerzeit geschont werden sollen, sie sich aber gern in Feldern und in hohem Gras verstecken, ist es üblich, daß man vor dem Mähen Wildscheuchen aufstellt. Die Ricke holt ihre Jungen, weil sie beunruhigt ist. Da das Wild sich aber schnell an den Anblick der Scheuchen gewöhnt, ist es zweckdienlich, daß sie nicht über mehrere Tage stehen bleiben. Kitze erlegt man nur dann, wenn die Ricke krank, schwach und überaltert ist. Man schießt zuerst auf die Kitze, dann auf die Ricke. Das Gehörn der Böcke gehört nach dem Schuß dem Jäger als Trophäe.

2. Gamswild
Es hält sich als guter Kletterer in den Hochlagen der Gebirge auf. Es ist ab dem 8. Lebensjahr jagbar. Begehrt ist die Trophäe, der Gamsbart. Das sind die langen Haare entlang der Wirbelsäule. Sie werden dem noch warmen Tier ausgerupft und später gebunden. Ein schöner Gamsbart am Hut ist der Stolz eines jeden Jägers. Aber auch die Krucke, das Gehörn, dient als Trophäe.

3. Schwarzwild
Es lebt vornehmlich in Laubwäldern und ernährt sich bevorzugt von Bucheckern und Eicheln. Aber auch Kartoffeln sind den Tieren ein Leckerbissen. Und schon mancher Bauer hat unter Verwünschungen sein Kartoffelfeld unfreiwillig umgepflügt gesehen. Während die Jagdzeit für Bachen und Keiler begrenzt ist, dürfen Überläufer das ganze Jahr über geschossen werden. Auch vom Schwarzwild sichert sich der Jäger seine Trophäen, den Saubart (s. Gamsbart) und die Waffen des Keilers sowie die Haken der Bache (Kiefer und Zähne).

4. Hasen/Kaninchen
Sie bestreiten einen Großteil der Gesellschaftsjagden, der sog. Treib- oder Kesseljagden. Ist ein Tier erlegt, wird es sogleich entnäßt, d.h. die Blase wird ausgedrückt und das Gescheide wird herausgeworfen. Dann kann ein Hase einige Tage im Fell „abhängen“.

5. Fasane
Fasane gehörten bis Ende des 17. Jahrhunderts nicht zum freilaufenden Wild, sie wurden ausschließlich in Gehegen gezüchtet. Im 13./14. Jahrhundert von England, Böhmen und Mähren nach Deutschland gebracht, kamen sie an den Adelshöfen bald groß in Mode. Prächtige Fasanenhöfe, die ein Wärter und Fasanenmeister pflegte,

waren der Stolz eines jeden Besitzers. Später zog man die Fasanen, trug sie in Körben zum Schußfeld und ließ sie dort frei, wo sie dann abgeschossen wurden – ein grausames „Gesellschaftsspiel". Fasanerien gibt es auch heute noch, und Liebhaber zahlen viel Geld für extra schöne Arten und Exemplare. Die Mehrzahl aber lebt in freier Natur, in Mais- und Getreidefeldern. Auch hier werden bei der Jagd die Hennen geschont, die Hähne sind „vogelfrei". Ihr Alter erkennt man an der Länge des Sporns und der Anzahl der Hornringe (Anzahl der Ringe + 1 = Alter). Kauft man Fasane in einer Wildhandlung, so liegen oftmals die „Ständer" dabei. So kann man sich hinsichtlich Garzeit und -methode auf das Alter des Vogels einstellen.

6. Rebhühner/Feldhühner
Durch die Intensivwirtschaft der Felder und infolge der Unkrautbekämpfungsmittel hat sich der Bestand stark reduziert. Somit sind sie heute Jagdraritäten.

7. Enten
Die Jagd beschränkt sich im wesentlichen auf die Stock- und Krickenten. Sie gehören zur Familie der Schwimmenten, ihr schmackhaftes Fleisch ist sehr begehrt.

8. Wildtauben
Zur Jagd freigegeben sind Ringel- und Türkentauben. Auch das Sammeln der Eier ist erlaubt.

9. Schnepfen

Diese rebhuhngroßen Wildflugvögel wurden ehemals im Frühjahr geschossen, heute im Herbst. Aus der Frühzeit stammt der Ausdruck „Schnepfensonntage". Der Spruch aus einem alten Kalender gibt es kund:

Invokavit	– nimm den Hund mit
Reminiscere	– putzt die Gewehre
Okuli	– da kommen sie
Lätare	– das ist das Wahre
Judika	– sind sie auch noch da
Palmarum	– lirum, larum
Osterzeit	– wenig Beut'
Quasimodogeniti	– Hahn in Ruh', nun brüten sie.

Schnepfen und Schnepfendreck gelten als Delikatessen bei Kennern. Der Jäger ist stolz auf die 3 cm langen Maler-Federn vom Schwingenbug und auf den Schnepfenbart, dem Federbüschel am Pürzel. Er trägt beides als Hutschmuck.

Übrigens:

Wachteln haben in Deutschland ganzjährig Schonzeit. Ihr Abschuß ist verboten. Vögel, die wir heute auf dem Markt angeboten bekommen, sind

ausschließlich Importe, besonders aus Frankreich, wo sie in Käfigen gezüchtet werden, um die große Nachfrage zu decken.
Damwild zählt man hierzulande selten zu den Wildarten, da es meistens in Gehegen großgezogen wird und in Intensivhaltung als Weidevieh und Fleischspender gilt.

Vorbereitende Arbeiten

Das Abnicken, Aufbrechen und Aus-der-Decke-Schlagen von Rehwild und Damwild besorgt der Jäger. Wildschweine gibt man größtenteils zum Metzger, der sie wie ein Hausschwein vorbereitet. Hasen und Kaninchen zieht der Jäger bzw. die Hausfrau ab. Dazu bindet man die Hinterläufe zusammen, hängt das Tier daran auf und löst mit einem scharfen Messer an den Läufen die Decke. Danach wird das Fell möglichst in einem Ruck abgezogen. Wildgeflügel rupft man, im Gegensatz zum zahmen Geflügel, trocken, damit die Haut nicht verletzt wird und die dünne Fettschicht darunter nicht mit abreißt.
Um den typischen Wildgeschmack zu intensivieren, und um das Fleisch mürbe zu machen, läßt man die Tiere je nach Größe und Art einige Tage „abhängen". Die Fürsten hatten unter ihren Jagdschlössern eigens dafür gebaute Wildkeller; heute reicht ein kühler, feuchter Raum.

Mögen Sie den oft recht strengen Wildeigengeschmack nicht so ausgeprägt, dann legen Sie die Bratstücke ein bis zwei Tage vor ihrer Verwendung in eine Beize (s. S. 49) oder in Buttermilch (s. S. 70). Rehfleisch schlägt man nur in ein feuchtes Essigtuch ein. Junge Tiere allerdings sind zum Beizen zu schade: das feine Aroma würde verdrängt und die Fasern könnten auslaugen.
Müssen Sie das Fleisch beim Händler kaufen, dann unterscheiden Sie zwischen **Braten**wildbret, wozu Rücken (Ziemer), die Keulen und Blätter gehören, und **Koch**wildbret. Vom Haarwild eignen sich dazu Hals, Kopf, Rippenstücke und Dünnung. Vom Hasenklein bereitet man den sog. „Pfeffer". Früher wurden Rehwild, Hasen und Kaninchen gern gespickt, diese Methode ist veraltet. Die Fasern werden zu sehr in Mitleidenschaft gezogen. Um aber den fettarmen Wildbraten vor dem Austrocknen zu bewahren, deckt man ihn mit Speckscheiben ab oder bindet diese um das Fleisch. Ein Einstreichen mit Butter und häufiges Begießen genügen oftmals auch.
Wenn Sie zu einem Gericht Brühe verwenden müssen, dann kochen Sie dazu am besten die Knochen und das Kleinfleisch aus (s. S. 38).
Reste lassen sich durch Tiefgefrieren lange haltbar machen.

Rehrücken und -keulen werden vom Kenner nur gesalzen und gepfeffert, mit Speck belegt und gebraten. Um anderen Gerichten und Fleischarten eine pikante Note zu geben, würzt man sie mit Wildgewürz, das Sie im Handel fertig kaufen können. Oder Sie stellen es selber zusammen aus: Lorbeerblatt, Wacholderbeeren, Nelkenköpfen, Thymian, Pfefferkörnern.
Junge Tiere brät bzw. schmort man, alte Tiere werden gekocht und zur Suppe, zu Ragouts oder Eintöpfen verarbeitet.
Auf Rezepte mit Innereien ist in diesem Büchlein weitgehend verzichtet worden, da allgemein vor einer Verseuchung durch Cadmium und Blei gewarnt wird.

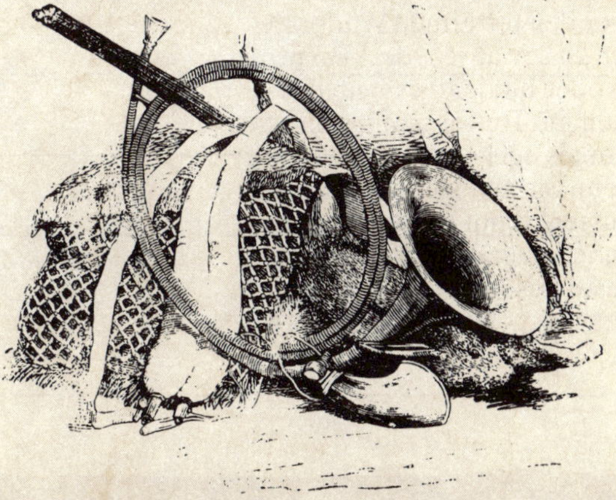

Eigene Rezepte + Notizen

Tinte

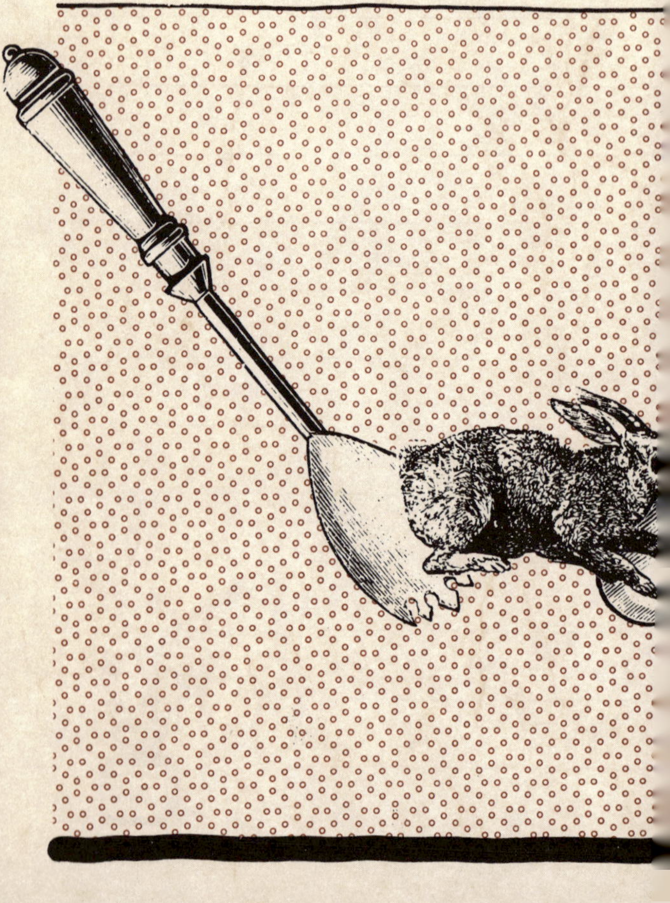

Vorspeisen/Salate

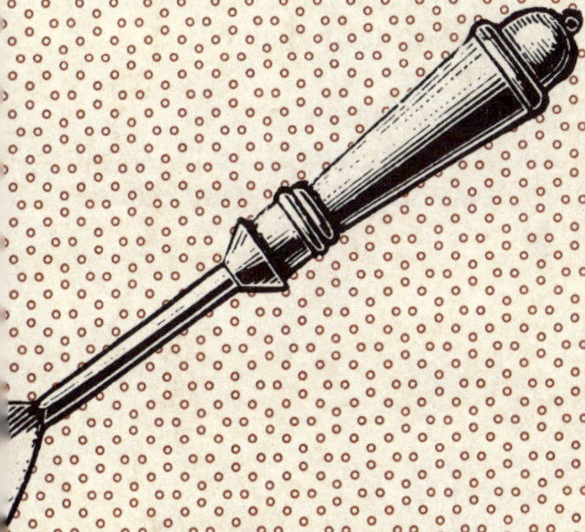

Geräucherter Hirschschinken mit Orangenkäse

Sprechen Sie mit Ihrem Metzger und fragen Sie ihn, ob er Ihnen eine Keule pökelt und anschließend räuchert. Zu empfehlen ist der Wacholderrauch. Dünn aufgeschnittener Hirschschinken ist nicht nur ein köstlicher Brotbelag, sondern auch eine ausgefallene Vorspeise.
Legen Sie Dessertteller mit dem sehr dünn geschnittenen Schinken aus. In die Mitte plazieren Sie eine Orangenscheibe und geben darauf einen Klecks Orangenkäse.

Das Rezept zum Käse:
1 Päckchen Frischrahmkäse wird mit Orangensaft cremig gerührt. Die Schale der Orange hauchdünn abschneiden, in feine Streifen schneiden, kurz überbrühen und mit etwas Orangenlikör unter den Käse heben.

Wollen Sie ein übriges tun, dann dekorieren Sie mit Kiwischeiben und kleinen gebutterten Brotecken.

Geräuchertes Wildschweinfilet mit Buchweizenpfannküchlein und Wacholdersahne

Die Filets auslösen und beim Metzger pökeln und räuchern lassen. Das Fleisch dünn aufschneiden, aufrollen und die Hälfte eines Tellers damit auslegen. Kleine Buchweizenpfannküchlein (s. S. 123) backen und einzeln auf die Teller verteilen.
¼ l Sahne leicht salzen und steif schlagen.
1 Schuß Gin und 2 Eßlöffel gemahlene Wacholderbeeren (im Mörser zerstampfen oder in der Kaffeemühle mahlen) zufügen. Die Sahne auf die warmen Küchlein geben. Das Gericht sofort servieren, da die Sahne auf dem Pfannküchlein schaumig zerläuft.

Tauben- oder Entenbrust an Cassisbeeren und Sahnemeerrettich

Pro Person 1 Wildtaube oder -ente, Butter zum Braten, Salz, Pfeffer, 1 Kopf Wintersalat oder Eichblattsalat, 1/8 l Cassis (franz. Johannisbeerlikör), 6 Eßlöffel Johannisbeeren (tiefgefroren), 1/4 l Sahne, Salz, Meerrettich nach Geschmack

Die Tauben bzw. Enten 30 Minuten in Salzwasser vorkochen. Das Brustfleisch vorsichtig herauslösen, salzen, pfeffern und in Butter braun braten. Mit schräg angesetztem Messer in Scheiben schneiden. Die Beeren in dem Likör auftauen. Die Sahne steif schlagen, würzen und mit Meerrettich nach Geschmack scharf vermengen.
Den Salat waschen und einen Teller damit auslegen. Die aufgeschnittenen, noch warmen Fleischscheiben schuppenartig darauflegen. Einen Klecks Sahnemeerrettich dazugeben und darüber die Cassisbeeren gießen.
Dazu in Knoblauchbutter geröstete Toastbrotecken reichen.

Schnepfendreck

Den Dreck der Waldschnepfe nach dem Schießen sofort aushakeln, ihn dann mit den Eingeweiden fein hacken. Der Magen wird nicht mit verwertet. Mit einer Zwiebel und feingehackter Petersilie wird

das Ganze in Butter kurz angebraten, danach mit Salz und weißem Pfeffer abgeschmeckt. Die Masse auf geröstete Weißbrotscheiben streichen und im Ofen kurz überbacken.
Eine Köstlichkeit, von der jeder Kenner schwärmt.

Gebratene Hasenleber mit feinen Salaten

4 Hasenlebern, Salz, Pfeffer, Butter zum Braten, 1 kleiner Kopf Radicchio, 250 g Champignons, 250 g Zwiebeln, Saft von 1 Zitrone, 100 g Feldsalat, 4 Sträußchen Fenchelgrün zum Verzieren
Sauce: 2 Eßlöffel Sherryessig, 2 Eßlöffel Sherry, 1 Eßlöffel Gin, 1 Teelöffel Senf, Salz, Pfeffer, Zucker, 4 Eßlöffel kaltgepreßtes Olivenöl, 100 g tiefgekühlte Himbeeren

Die Lebern entsehnen und leicht wässern. Inzwischen die Salate putzen, waschen und trocken schleudern, eventuell kleiner zupfen. Die Champignons blättern, die Zwiebeln hauchdünn schneiden. Pilze und Zwiebeln mit Zitronensaft beträufeln. Die Sauce anrühren, zuletzt die Himbeeren unterheben. Die Lebern in Butter braten und danach würzen. Teller mit den Salaten auslegen. Die Lebern halbieren und darauflegen. Mit Sauce beträufeln und mit Fenchelgrün dekorieren.

Wildsalat „Winzerin“ mit Speckstreifen und Croutons

1 Kopf Friséesalat für den Vorspeisenteller, 500 g Wildfleisch (Bratenreste), 20 g gehackte Zwiebelchen, 1 Teelöffel grüner Pfeffer, 125 g Weintrauben
Sauce: 2 Eßlöffel Sherryessig, 4 Eßlöffel Sonnenblumenöl, 4 Eßlöffel Sherry, Salz, 1 Eßlöffel Preiselbeerkompott
Garnitur: 100 g gekochter Schinken oder magerer Bauchspeck, 4 Scheiben Weißbrot, Knoblauchbutter

Das Wildfleisch würfeln. Die Zwiebeln häuten und ganz fein hacken. Die Trauben halbieren und entkernen. Die Marinade anrühren und mit allen Salatzutaten mischen. 1 Stunde ziehen lassen. Den Friséesalat waschen und trocken schleudern (nicht klein schneiden), die Teller damit auslegen. Darauf den Wildsalat geben. Den Schinken in feine Streifen schneiden. Das Brot würfeln. Beides zusammen in Knoblauchbutter braten und über den Salat bröseln. Darauf achten, daß nur soviel Butter zum Rösten genommen wird, wie das Brot aufsaugt. Die Pfanne muß also am Ende trocken sein, da andernfalls das Bratfett in den Salat laufen und den Geschmack beeinträchtigen würde.
Sofort servieren!

Fasanensalat

1 gebratener Fasan, 1 frische Ananas (oder 1 Dose), 1 Orange, 1 Apfel, 150 g gekochter Schinken, 2 Eßlöffel gehackte Nüsse
Sauce: 3 Eßlöffel Mayonnaise, Zitronensaft, 2 Eßlöffel Orangenkonfitüre, 2 cl Weinbrand

Den Fasan häuten und das Fleisch in Würfel schneiden. Ebenso das Obst und den Schinken würfeln.
Die Mayonnaise mit Zitronensaft schaumig rühren. Die Konfitüre und den Weinbrand zugeben. Alle Zutaten locker mischen und eiskalt in Portionsschälchen servieren.

Große Vorspeisenplatte

Sie kann durchaus für ein vollständiges Abendessen mit Freunden reichen.

4 Hasenfilets, 40 g Butter, Salz, Pfeffer, abgeriebene Schale von 2 Orangen
Rotweingelee: ¼ l Rotwein, 1 Glas Madeira, 1 Glas Rotweinessig, je 1 Prise getrockneter Majoran und Thymian, 2 Eßlöffel Ahornsirup oder Tannenhonig, 1 Packung gemahlene rote Gelatine
Törtchen: 8 Minitörtchen (Fertigprodukt), 100 g Gänseleberpastete, 2 Eßlöffel Weinbrand, etwas Sahne
Gefüllte Tomaten: 4 Fleischtomaten, ½ Glas Knoblauchmayonnaise, 1 Becher Joghurt, einige gefüllte Oliven
Außerdem: frische Tannenspitzen (ungespritzt), 1 Orange, einige Brombeeren, Zweige von frischem Majoran und Thymian, Zitronenmelisse oder Pfefferminzblättchen, einige Cocktailkirschen

Die Filets in Butter langsam braun braten (10-12 Minuten). Sie sollten innen noch rosig sein. Danach mit Salz und Pfeffer einreiben und durch die abgeriebenen Orangenschalen wälzen. Fest in Alufolie drehen und auskühlen lassen.
Die Gelatine nach Vorschrift quellen lassen und auflösen. Die übrigen Zutaten zum Gelee mischen. Die Gelatine einrühren. In eine flache, gebutterte Form gießen und erstarren lassen. Danach in Würfel schneiden.

Die Törtchen im Ofen aufbacken (dann schmecken sie wie frisch). Auskühlen lassen. Die Pastete mit den übrigen Zutaten cremig rühren und mittels eines Spritzbeutels in die Formen füllen.
Die Tomaten halbieren und aushöhlen.
Die Mayonnaise mit dem Joghurt verquirlen.
Die Oliven in Scheiben schneiden und untermengen. In die Tomaten füllen.
Das ausgekühlte Fleisch in Scheiben schneiden, dabei das Messer leicht schräg führen, die Stücke diagonal auf einer viereckigen Platte anrichten.
So entstehen 2 Dreiecke, die auf der einen Seite die Geleewürfel, auf der anderen Seite abwechselnd Tomaten und Törtchen anbieten.
Garnieren Sie die Platte mit frischen Tannenspitzen, mit Orangenscheiben, mit Kräuterzweigen und, zwischen das Gelee gelegt, mit Brombeeren oder Kirschen. Dazu Stangenweißbrot sowie Knoblauch- und Kräuterbutter servieren.
Getränk: ein vollmundiger Rotwein.

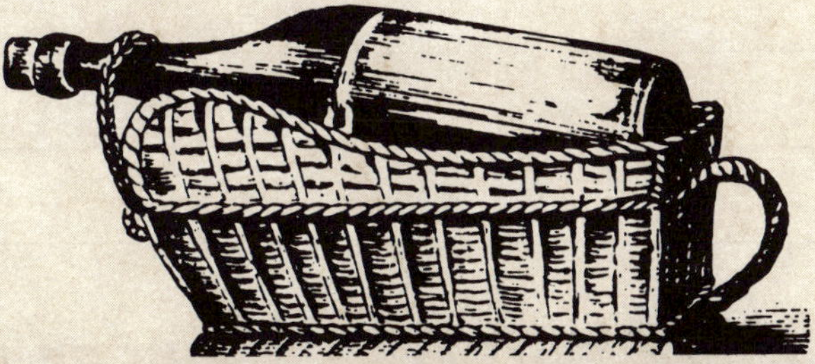

Eigene Rezepte + Notizen

Tinte

Suppen

Klare Wildsuppe mit Steinpilzklößchen

1 kg Wildfleisch mit Knochen (z. B. Bauchlappen und Vorderläufe vom Hasen, Rehhals), 40 g Pflanzenfett, 1 Zwiebel, 2 Möhren, 1 Stange Lauch, 1 Knoblauchzehe, 2 l Salzwasser, 10 Pfefferkörner, 1 Lorbeerblatt, 10 Wacholderbeeren, ½ Glas Weinbrand, gehackte Petersilie
Klößchen: 1 Tasse Milch, 1 Prise Salz, 30 g Butter, 1 Tasse Mehl, 2-3 Eier, 50 g frische oder 5 g getrocknete Steinpilze, ½ l Brühe

Die Zwiebel und die Knoblauchzehe schälen, aber nicht zerschneiden. Den Lauch und die Möhren waschen und putzen.
Das Fleisch im Pflanzenfett braun anbraten, zum Schluß auch das Gemüse mitschmoren. Mit Wasser ablöschen, die Gewürze zugeben und bei niedriger Temperatur garen.
Inzwischen die Klöße bereiten. Frische Pilze brauchen nur abgespült zu werden, getrocknete läßt man anschließend noch wenigstens 30 Minuten in Wasser quellen. Danach klein hacken (das Pilzwasser auffangen).
Milch, Butter, Salz in einem Topf aufkochen. Das Mehl hineinrühren und am Topfboden abbrennen. Danach in eine Schüssel geben. Etwas abkühlen lassen, dann die Eier und Pilze untermengen. Der Teig sollte so weich sein, daß man Klöße formen kann.
Die Brühe zum Kochen bringen. Kleine runde Klößchen in die Brühe gleiten lassen, die darin

10 Minuten ziehen müssen (bitte nicht kochen). Nun die Suppe durchseihen, damit sie schön klar ist. Das Steinpilzwasser durch einen Filter in die Suppe gießen, da es möglicherweise noch Sand enthält.
Das Fleisch vom Knochen suchen, klein schneiden und mit Weinbrand sowie den aus der Brühe genommenen Klößchen in die Suppe geben.
Mit Petersilie bestreut zu Tisch bringen.
Tip: Restfleisch in einem Ragout verwerten.

Doppelte Fasanenkraftbrühe

2 Fasane, 1 Beinscheibe vom Rind, 2 Knoblauchzehen, 1 Zwiebel, 1 Stück Sellerie, 1 Stange Lauch, 1 Möhre, 1 Lorbeerblatt, 10 Pfefferkörner, 2 l Salzwasser, 1 Glas trockener Sherry

Das Fleisch mit dem gesäuberten und geputzten Gemüse sowie den Gewürzen in kaltem Salzwasser aufsetzen und gar kochen (60-90 Minuten). Danach das Fleisch herausnehmen, die Brühe durchseihen, den Sherry zugießen und abschmecken. Das Fasanenfleisch in Würfel schneiden und in die Brühe zurückgeben. Dazu Käsestangen reichen.

1. Tip: Wenn Sie die Brühe erst am folgenden Tag servieren wollen, dann lassen Sie das Fleisch darin liegen, damit es schön saftig bleibt.

2. Tip: Die Beinscheibe anderweitig verwenden, z. B. zu Ragout geschnitten in einer kräftigen Meerrettichsauce.

3. Tip: Das Fasanenfleisch zu einem Salat verwenden (s. S. 31)

Wachtelsuppe

4 Wachteln, ½ Suppenhuhn, 2 l Salzwasser, 1 Stange Lauch, 2 Zwiebeln, 1 kleines Blatt Liebstöckel
Außerdem: 4 Wachteleier (aus dem Glas), feingeschnittener Estragon

Die Wachteln und das Huhn in Salzwasser mit dem Gemüse weich kochen. Das Fleisch herausnehmen, die Suppe durchseihen, abschmecken und heiß

halten. Von den Wachteln vorsichtig die Brüstchen lösen. Die Eier halbieren. Beides in 4 tiefe Suppenteller legen, mit Brühe übergießen und Estragon darüberstreuen.
Das Hühnerfleisch verwenden Sie für einen Geflügelsalat oder ein Ragout.

Wildrahmsuppe mit Baiserhaube

500 g gebratenes Wildfleisch vom Vortag mit Sauce, 1 Möhre, 100 g Champignons, 1 kleines Stück Sellerie, 40 g Butter, 40 g Mehl, 1 l Brühe, 1 Teelöffel grüner Pfeffer, 1 Teelöffel Tomatenmark, 1 Glas Madeira, ½ l Crème fraîche, 3 Eiweiß

Das Wildfleisch würfeln. Die Möhre und den Sellerie feinstreifig (julienne), die Pilze in Scheiben schneiden.
Das Mehl in der Butter hellbraun rösten, kurz das Gemüse mitbraten. Dann mit der Brühe auffüllen und einmal kräftig durchkochen. Das Fleisch, die Sauce, den Pfeffer und das Tomatenmark dazugeben. Mit Wein und Crème fraîche verfeinern. Die Suppe heiß halten, aber nicht mehr kochen, da das Gemüse noch Biß haben soll.
Die Eiweiß zu steifem Schnee schlagen. Den Backofen auf 300° C (Grill) vorheizen. Die Suppe in feuerfeste Suppentassen füllen und mit einer Eischneehaube abdecken. Goldgelb überbacken.
Tip: Backobst mitkochen.

Entensuppe mit überbackener Preiselbeersahnehaube

2 Wildenten, etwas Selleriegrün, 1 Zwiebel, 1 ½ l Salzwasser
Außerdem: 40 g Butter, 30 g Mehl, hauchdünn geschälte und kleingeschnittene Schale von ½ Zitrone, ⅛ l Sahne, 1 Eigelb, ⅛ l Weißwein
Zum Überbacken: ¼ l Sahne, je 1 Prise Salz und Pfeffer, ½ kleines Glas Preiselbeermus

Die Enten in kaltem Salzwasser ansetzen und mit den übrigen Zutaten ca. 1 Stunde garen. Das Fleisch aus der Brühe nehmen, diese durch ein Sieb gießen.
Das Mehl in der Butter hell anschwitzen. Mit Brühe ablöschen und aufkochen. Das gewürfelte Fleisch und die Zitronenschalenstückchen zugeben. Die Sahne mit dem Eigelb verquirlen und in die Suppe rühren. Den Wein hinzufügen. Nicht mehr kochen lassen, jedoch heiß halten.
Die Sahne mit Salz und Pfeffer steif schlagen. Die Preiselbeeren unterheben. Den Grill vorheizen. Die Suppe in feuerfeste Tassen füllen, die Sahne obenauf geben und kurz unter dem Grill überbacken.

Taubencremesuppe mit Kräuternocken

Die Taubensuppe kochen Sie auf die gleiche Weise wie die Entensuppe, jedoch ohne Zitrone. Man braucht 4 Wildtauben dazu. Mit Kräuternocken servieren.

Nocken: 250 g Roggenmehl, ½ Teelöffel Salz, 2 Eier, etwas Wasser, viele verschiedene frische Kräuter
Außerdem: Salzwasser

Die Kräuter fein hacken. Die übrigen Zutaten zu einem festen Teig verkneten. Die Kräuter einarbeiten. Mit 2 Teelöffeln kleine Bällchen abstechen und in kochendes Salzwasser geben. 10 Minuten darin ziehen lassen. Vor dem Servieren portionsweise in die Suppe geben.
Das kleingeschnittene Taubenfleisch verwahren Sie für ein Ragout auf. Dazu mein **Tip:** Mit etwas Brühe bedeckt einfrieren und erst kurz vor dem Gebrauch erwärmen.

Eigene Rezepte + Notizen

Tinte

Ragouts/Eintöpfe

Hasenpfeffer

750 g Hasenklein (Vorderläufe, Bauchlappen, Rippchen, Hals, Kopf, Herz, Lunge, Leber), 50 g Butter, 40 g durchwachsener Speck in Scheiben, 2 Möhren, 2 Zwiebeln (gewürfelt), 1 Stück Sellerieknolle, ½ l Wasser oder Fleischbrühe, Salz, 3-4 Nelken, 8 Pfefferkörner, 1 Lorbeerblatt, 1 Stück Zimtstange, 1 Eßlöffel Zucker, etwas Rotweinessig, 1 Tasse Hasenblut oder 1 Eßlöffel Mehl und 3-4 Eßlöffel Wasser

Wenn Sie die Möglichkeit haben, einen frisch geschossenen Hasen zu bekommen, dann verwenden Sie zu diesem „Pfeffer“ unbedingt das aufgefangene Blut. Es kommt kurz vor Beendigung der Schmorzeit zu dem Ragout und kocht so lange unter Rühren mit, bis es stockt.
Das Hasenfleisch abtupfen. Speck, Möhren, Sellerie, Zwiebeln kurz in Butter anrösten, das Fleisch dazugeben und schön braun anbraten. Mit Wasser oder Brühe ablöschen, ½ Teelöffel Salz zugeben und aufkochen lassen. Dann die Gewürze unterrühren und alles so lange schmoren, bis das Fleisch weich ist. Die Sauce, wenn kein Blut vorhanden ist, mit dem in Wasser angerührten Mehl binden. Mit Essig und Zucker süß-säuerlich abschmecken. Der Hasenpfeffer soll dunkel glänzend aussehen. Dazu reicht man Nudeln oder Salzkartoffeln und Rotkohl.

Variante: Geben Sie 2 Eßlöffel Pflaumenmus in das fertige Gericht.

Wildschweinragout

500 g Wildschwein, Marinade von 1/4 l Rotweinessig und 1/3 l Wasser, 1 Zwiebel (gespickt mit 2 Nelken und 1 Lorbeerblatt), 3-4 Pfefferkörner, 1/2 l kochendes Salzwasser, 40 g Fett, 50 g Mehl, 1 Zwiebel, Salz, Zucker, 1 Glas Rotwein (evtl. etwas Zitronensaft), 1 Eßlöffel Hagebuttenmarmelade, 1 saure Gurke

Wildschweinfleisch waschen, trocken tupfen, enthäuten, in Würfel schneiden. Über Nacht in die Essig-Wasser-Marinade einlegen. Am anderen Tag mit der gespickten Zwiebel und den Pfefferkörnern in 1/2 l kochendem Salzwasser garen. Die Fleischbrühe durch ein Sieb gießen, eventuell mit Wasser auf 1/2 l Flüssigkeit auffüllen. Fett und Mehl hell- bis dunkelbraun anschwitzen. Die kleingeschnittene Zwiebel in das gebräunte Mehl geben, die Fleischbrühe hinzugießen, mit einem Schneebesen durchschlagen und zum Kochen bringen. Etwa 10 Minuten ziehen lassen. Die Sauce mit Salz, Zucker, Rotwein, Hagebuttenmarmelade und eventuell Zitronensaft süß-sauer abschmecken. Die gewürfelte Gurke sowie das Fleisch dazugeben und mit Spätzle oder Brot servieren.

Wildragout mit Buchweizenpfannkuchen

500 g Wildfleisch (Hase, Reh, Hirsch), 2 Zwiebeln, 1 Knoblauchzehe, 1 Stange Lauch, 1 Möhre, 1 Eßlöffel Pflanzenfett, 2 Zweige frischer (oder ½ Teelöffel getrockneter) Thymian, Zitronen-Pfeffer, Salz, ¼ l Brühe, 1 Becher Crème fraîche, 1 Glas Sherry oder Weißwein, Pfannkuchen (s. S. 123)

Das Fleisch in kleine Würfel schneiden. Die Zwiebeln und Knoblauchzehe häuten und würfeln. Den Lauch waschen, putzen und in Ringe schneiden. Die Möhre in hauchdünne Scheiben raspeln. Das Fleisch in dem erhitzten Fett anbraten. Nach einiger Zeit das Gemüse zugeben und kurz mitschmoren. Würzen und mit Fleischbrühe ablöschen. Den Thymianzweig obenauf legen (er wird später entfernt).
Nach 60-90 Minuten ist das Ragout gar. Das Gemüse soll zerkocht sein und der Sauce eine dicke Konsistenz geben. Mit Sherry und Crème fraîche abschmecken. Etwas einkochen lassen und auf Buchweizenpfannkuchen (s. S. 123) servieren.
Tip: Verwenden Sie gekochtes Wildfleisch (s. S. 38), dann bereiten Sie dieses ebenso zu, doch beschränkt sich die Garzeit auf 10 Minuten. Das Gemüse ist noch bißfest. Daher muß die Sauce mit Mehl leicht gebunden werden.

Rehragout nach Art des Hauses

500 g Gulaschfleisch vom Reh, 2 Zwiebeln, 1 Möhre, 20 g Butter, 2 Eßlöffel gewürfelter Schinkenspeck, 2 Eßlöffel Mandelstifte, Salz, Pfeffer, 1/8 l Brühe, 1/8 l Rotwein, 1 Stückchen Zimtstange, 2 Eßlöffel Rosinen, 1/2 Teelöffel Ingwerpulver, 1/8 l Sahne, 1 Teelöffel Mehl, 1/2 Teelöffel Tomatenmark

Das Fleisch in sehr kleine Würfel schneiden. Die Zwiebel häuten und in Würfel schneiden. Die Möhre sauber schaben und in dünne Scheiben schneiden. Fleisch, Zwiebeln, Möhre, Mandeln und Speck in heißer Butter braun anbraten.

Würzen, zunächst mit etwas Brühe loskochen, später in dem zugefügten Rotwein garen. Mit dem Rotwein gibt man auch die Zimtstange hinein.
Nach etwa 30 Minuten die Rosinen dazugeben und mit Ingwerpulver pikant abschmecken. 5-10 Minuten weiterschmoren, bis das Fleisch weich ist.
Die Sahne mit dem Mehl und Tomatenmark glatt rühren, und das Ragout damit sämig binden. Dazu kroß gebratene Spätzle und Apfelmus reichen.
Dieses Ragout eignet sich auch – mit mehr Brühe gekocht – als Wildsuppe.

Taubenragout im Reisring

4 gekochte Wildtauben (s. S. 42/43), 250 g Spargel, Salz, Zucker, 1 l Wasser
Sauce: 40 g Butter, 40 g Mehl, 1/4 l Wildbrühe, 1/8 l Weißwein oder Saft von 1 Zitrone, abgeriebene Schale von 1/2 Zitrone, weißer Pfeffer, 1/8 l Sahne
Außerdem: 125 g Reis, Salzwasser, gehackte Petersilie

Das Taubenfleisch klein schneiden. Den Spargel schälen und in löffelgroße Stücke schneiden.
In Salzwasser, dem 1 Prise Zucker zugesetzt ist, 10 Minuten leicht kochen.
Die Sauce herstellen: Das Mehl in der Butter hell anrösten, mit Brühe ablöschen und gut durch-

kochen. Danach mit den übrigen Zutaten abschmecken. Das Fleisch und den abgetropften Spargel in die Sauce geben.
125 g Reis in Salzwasser ausquellen lassen, in eine geölte Ringform pressen und stürzen. Das Ragout in die Mitte geben und mit Petersilie bestreuen.

Fasanenragout, in Eierkuchen überbacken

Fasanenragout (s. Rezept Taubenragout S. 52)
Eierkuchenteig: 250 g Mehl, ½ l Milch, 2-3 Eier, 1 Teelöffel Salz
Zum Überbacken: 250 g frische Champignons, 1 Teelöffel Butter, 1 Zwiebel, ½ Teelöffel getrockneter Estragon, etwas Salz, 2 Eßlöffel Sahne, 50 g geriebener Emmentaler Käse

Aus den Zutaten einen glatten Pfannkuchenteig rühren. 30 Minuten quellen lassen. Danach goldgelbe Pfannkuchen ausbacken.
Inzwischen die Pilze waschen und blättrig schneiden, die Zwiebel würfeln, in der Butter kurz anbraten. Estragon, Salz und Sahne dazugeben und kurz aufkochen.
Das erwärmte Ragout in die Pfannkuchen rollen. Diese in eine gebutterte Auflaufform geben. Die

Zwischenräume mit den Pilzen füllen. Das Gericht mit geriebenem Käse bestreuen und im vorgeheizten Ofen bei 250° C hellbraun überbacken.
Dazu Feldsalat in einer Vinaigrette servieren.

Wildschüssel

1 gekochte und abgezogene Rehzunge, 4 große Scheiben Rehleber, 4 Rehsteaks, 40 g gewürfelter Schinkenspeck, 40 g Butter, 2 Zwiebeln, Mehl, Salz, Pfeffer, 1 Dose Mischpilze, 1/8 l Brühe, 1/8 l Rotwein, 2 Eßlöffel Preiselbeerkompott, 1/2 Teelöffel Tomatenmark, 1/2 Becher Crème fraîche, 2 cl Kirschlikör, etwas Butter, Paniermehl, Petersilie

Die Zwiebeln würfeln, Leber und Steaks in Mehl wälzen. Eine feuerfeste Schüssel ausfetten. Die Butter in einer Pfanne erhitzen. Zuerst die Zunge, in dicke Scheiben geschnitten, darin kurz braten. In die Schüssel legen. Ebenso verfahren Sie mit der Leber und den Steaks. Diese salzen und pfeffern Sie erst nach dem Bratvorgang. In dem Bratenfett nun den Schinken und die Zwiebeln kurz dünsten. Die Pilze mitsamt der Flüssigkeit, den Rotwein, die Brühe und das Preiselbeerkompott einrühren, aufkochen und etwas einkochen lassen. Crème fraîche mit wenig Tomatenmark verrühren und die Sauce damit binden. Über das Fleisch gießen. Darüber den Kirschlikör träufeln, mit Paniermehl leicht bestreuen. Butterflöckchen aufsetzen und im Ofen bei 225° C etwa 15 Minuten überbacken. Vor dem Servieren mit gehackter Petersilie bestreuen. Dazu nur Brot oder einen Wintersalat reichen.

Jägereintopf

500 g Wildgulaschfleisch, 1 Zwiebel, 1 Lorbeerblatt, einige Wacholderbeeren, ½ l Rotwein, 40 g Butter oder 2 Eßlöffel Öl zum Braten, Salz, Pfeffer, 1 Tomate, 2 Scheiben Pumpernickel oder Vollkornbrot, 1 Eßlöffel Pflaumenmus, Crème fraîche
Außerdem: 1 kleine Dose Pfifferlinge, 4 dicke Kartoffeln

Das Gulaschfleisch mit der in Scheiben geschnittenen Zwiebel, dem Lorbeerblatt und den Wacholderbeeren 2-3 Stunden in dem Rotwein marinieren. Danach das Fleisch trocken tupfen, die Marinade aufbewahren und mit der gleichen Menge an Wasser verdünnen. Das Gulasch in heißem Fett rundum braun anbraten. Salzen und pfeffern. Etwas Marinade zugießen. Zwiebel, Lorbeerblatt, Wacholderbeeren und eine abgezogene Tomate mitschmoren lassen. Wenn die Marinade verkocht ist, neue zugießen, aber immer nur so viel, daß das Fleisch knapp bedeckt ist. Nach 1 Stunde Schmorzeit lassen Sie die Pilze samt dem Pilzwasser und die geschälten, grob gewürfelten Kartoffeln mitgaren. Nach weiteren 30 Minuten ist der Topf „gut". Dann bröselt man das Brot in den Bratensaft, läßt es 5 Minuten quellen, schmeckt mit Pflaumenmus und Crème fraîche sanft ab und rührt alles kräftig durch. Vorsicht, die Kartoffeln dürfen nicht zerfallen! Ob der Topf nun scharf schmeckt oder nicht, hängt von der Dosierung des Pfeffers ab. Pikant schmeckt das Gericht, wenn einige grüne Pfefferkörner mitschmoren.
Dazu reicht man in Rotwein eingeweichtes und gekochtes Backobst. Dieses zusätzlich mit etwas Zimt würzen.
Tip: Sollten Sie kein Pflaumenmus im Haus haben, eignet sich auch Preiselbeerkompott zum Abschmecken.

Kaninchen-Currytopf

1 Wildkanin, 1 Bund Suppengrün, 1 Zwiebel, 10 Pfefferkörner, 1 Messerspitze Muskatblüte, 1 l Brühe (aus Wildknochen gekocht)
Sauce: 40 g Butter, 40 g durchwachsener, magerer Bauchspeck, 2 Äpfel, 4 Zwiebeln, 1 Teelöffel Currypulver, 20 g Mehl, ½ l Kaninchenbrühe, 100 g Rosinen (eine Nacht in Weißwein vorgequollen), 2 Bananen, 2 Scheiben Ananas

Das Wildkanin in kochende Brühe legen und mit den Gewürzen sowie dem geputzten Suppengrün garen. Danach durchseihen. Das Fleisch klein würfeln. Die Butter zerlassen. Die Äpfel vierteln, das Gehäuse entfernen. Mit der gehackten Zwiebel und dem gewürfelten Bauchspeck kurz in der Butter anbraten. Das Currypulver und Mehl darüberstäuben. Mit Kaninchenbrühe ablöschen und gut durchkochen. Das Fleisch, die Rosinen, die in dicke Scheiben geschnittenen Bananen und das gewürfelte Ananasfleisch dazugeben. Durchheben, abschmecken und sofort servieren.

Kaninchen-Pilzschüssel

1 Wildkaninchen, 1 Eßlöffel Pflanzenfett oder Schmalz, ¼ l Rotwein, ¼ l Brühe, 2 Möhren, 2 Stangen Lauch, 2 Zwiebeln, 2 Knoblauchzehen, je 2 Zweige Petersilie und Thymian, 1 große Dose

Mischpilze, 2 Eßlöffel Crème fraîche
Marinade: 3 Eßlöffel scharfer Senf, 4 cl Gin, 1 Eßlöffel geriebener Meerrettich, Paprikapulver, Salz, Pfeffer, 4 Eßlöffel Öl

Die Marinadenzutaten verrühren, das Kaninchen grob zerteilen und mit der Marinade einstreichen. 1 Stunde durchziehen lassen.
Das Gemüse waschen, putzen und in große Würfel schneiden. Das Fleisch in dem heißen Fett dunkel anbraten, mit Rotwein und Brühe ablöschen und 30 Minuten schmoren lassen. Danach das Gemüse, die restliche Marinade und die Kräuter dazugeben. Noch einmal 15 Minuten schmoren, während der letzten 5 Minuten bei offenem Topf. Die Pilze mit der Flüssigkeit hineingeben und mit Crème fraîche verfeinern.
Gut heiß mit Roggenbrötchen oder Stangenweißbrot servieren.

Rebhuhnsuppe mit Linsen

250 g Linsen (am Vortag eingeweicht), 4 Rebhühner, 100 g durchwachsener, geräucherter Bauchspeck, 40 g Butter, 1 Zwiebel, 1 Bund Suppengrün, 125 g gemischtes Backobst, 1 l Brühe, ¼ l Rotwein

Die Rebhühner vierteln. Den Speck, die Zwiebel und das Suppengrün würfeln. Alles in Butter anbraten. Mit Brühe und Rotwein loskochen. Die Linsen mit dem Einweichwasser sowie das

Backobst hineingeben und 30 Minuten kochen lassen. Mit etwas Essig süß-sauer abschmecken.
Tip: Wer das Gericht gern nur mit dem Löffel ißt, löst das Fleisch vor dem Servieren von den Knochen.

Klößchensuppe

250 g Wildfleischreste, 50 g durchwachsener, geräucherter Bauchspeck oder Schinken, Salz, Pfeffer, 1 Ei, 2 Scheiben Weißbrot, 1 Teelöffel getrockneter Majoran, 50 g Butter, 1 Paprikaschote, 1 dicke Zwiebel, 2 Fleischtomaten, 1 l Brühe, ¼ l Rotwein, 2 Stück Saucenlebkuchen, 1 Tasse Crème fraîche, 50 g kleine, vorgekochte Nudeln

Fleisch und Speck durch den Fleischwolf drehen. Salz, Majoran, Pfeffer, Ei und das zerbröselte Weißbrot untermengen. Gut durchkneten. Kleine runde Klößchen daraus drehen.
Die Paprikaschote waschen, den Stielansatz, die weißen Häute und Kerne entfernen. In löffelgroße Stücke schneiden. Die Zwiebel würfeln. Die Tomaten häuten und achteln. Die Klöße in der Butter braun anbraten. Danach das Gemüse mitschmoren. Mit Brühe und Wein ablöschen.
5 Minuten kochen lassen. Dann den Lebkuchen hineinbröseln, mit Sahne verfeinern und nochmals abschmecken. Die Nudeln zum Schluß in der Suppe erhitzen.

Hirschgratin

500 g Hirschfleisch ohne Knochen (z. B. Filet oder aus der Keule), 1 Eßlöffel Mehl, Salz, Pfeffer, 2 Zwiebeln, 40 g Butter, ¼ l Brühe, ⅛ l Rotwein, 1 Eßlöffel Tomatenmark, 2 Eßlöffel grüner Pfeffer mit Lake, 1 Stange Staudensellerie, Butter für die Auflaufform, 100 g Edelpilzkäse, 2 Eßlöffel Preiselbeerkompott, ⅛ l Crème fraîche oder Sahne, Petersilie

Das Hirschfleisch auf der Aufschnittmaschine in dünne Scheiben schneiden. Mit Mehl bestäuben, salzen, pfeffern. In Butter mit der in Scheiben geschnittenen Zwiebel bräunen. Mit Brühe und Wein ablöschen. Das Tomatenmark hineinrühren. Den Sellerie waschen und in löffelgroße Stücke schneiden. Mit den Pfefferkörnern zum Fleisch geben. 5 Minuten stark einkochen lassen.
Eine Auflaufform buttern. Den Käse mit der Sahne glatt rühren und die Preiselbeeren unterheben. Das Ragout in die Form geben. Mit der Käsemasse bestreichen und im heißen Ofen bei 250° C überbacken, bis der Käse Blasen wirft und leicht braun wird.
Dazu nur Brot oder einen erfrischenden Salat reichen.

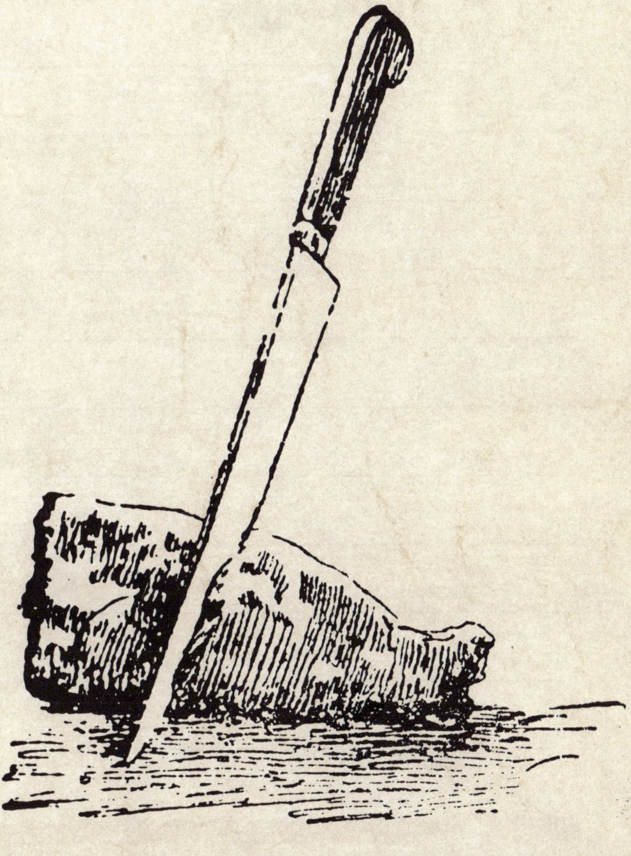

Eigene Rezepte + Notizen

Tinte

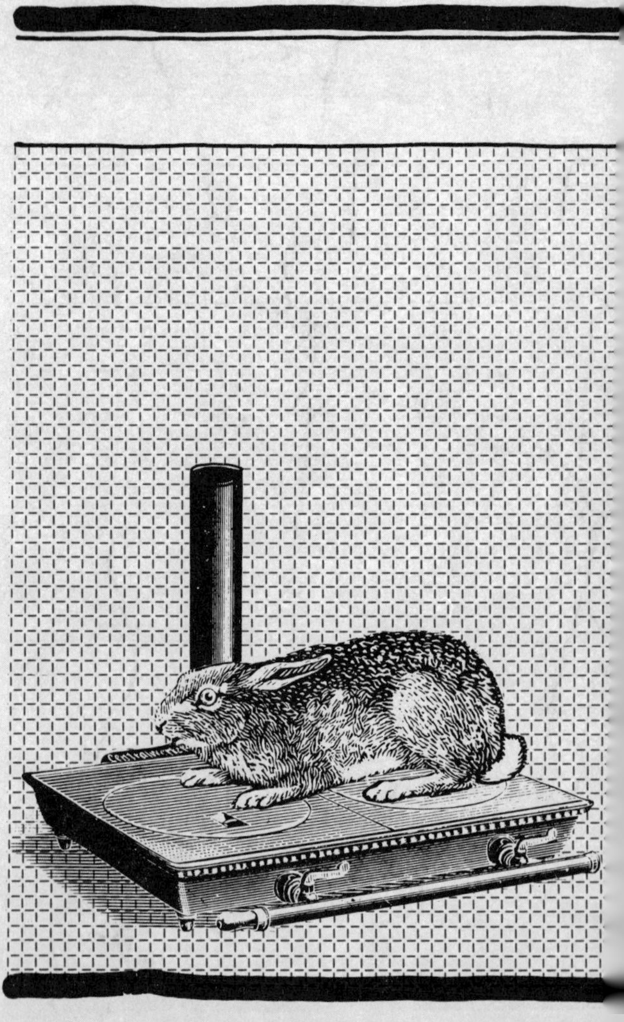

Schmorbraten

Hasenfilets mit Kirschsauce

4 Hasenfilets, Salz, Pfeffer, getrockneter Majoran, ½ Teelöffel Curry, 20 g Pflanzenfett zum Anbraten, 1 Stange Lauch, 1 Möhre, 2 Zwiebeln, 2 Eßlöffel Tomatenmark, ¼ l Brühe, 1 Lorbeerblatt, 8 Wacholderbeeren, ½ Teelöffel getrockneter Thymian, Mischung von ¼ l Rotwein und ⅛ l Obstessig, 1 Glas entsteinte Sauerkirschen, 20 g Mehl, 1 kleines Glas Kirschlikör, ⅛ l saure Sahne

Die Filets mit Salz, Pfeffer, Majoran und Curry einreiben. Das Gemüse putzen und klein schneiden. Das Fleisch in dem Fett braun anbraten. Das Gemüse mit. Die Filets herausnehmen. Den Bratensatz mit Brühe und Tomatenmark loskochen. Die Filets wieder hineinlegen. Die Gewürze zugeben. Den Topf in den heißen Ofen stellen und bei 200° C 15 Minuten schmoren. Dabei alle 5 Minuten etwas von dem Rotwein-Essig-Gemisch über das Fleisch gießen. Das Lorbeerblatt entfernen.
Die Kirschen samt Flüssigkeit (etwas zurücklassen) in dem Topf erwärmen. Den restlichen Kirschsaft mit Mehl verrühren und die Sauce damit andicken. Mit saurer Sahne und Kirschlikör abschmecken, eventuell auch mit etwas Zucker.
Die Filets in Scheiben schneiden, mit der Sauce übergießen und mit den Kirschen umlegen.

Böhmische Hirschrouladen

4 dünne Scheiben Fleisch aus der Hirschkeule, wenig Salz und Pfeffer, 4 große Scheiben geräucherter Schinken, 50 g Trockenpflaumen ohne Stein, 20 g Fett zum Braten, 20 g Speckwürfel, 1 gewürfelte Zwiebel, 1 Lorbeerblatt, 2 Nelken, 4 Wacholderbeeren, 1/8 l Brühe, Crème fraîche und eventuell etwas abgeriebene Zitronenschale

Das Fleisch würzen, mit dem Schinken sowie einigen Pflaumen belegen und aufrollen. Mit Rouladennadeln oder -klammern oder Garn befestigen, damit die Pflaumen beim Braten nicht herausfallen.
Das Fett in einem Topf erhitzen. Die Rouladen rundum braun anbraten. Zum Schluß auch den Speck und die Zwiebel mit anbraten. Mit Brühe ablöschen. Die restlichen Pflaumen und die Gewürze beigeben. Je nach Alter des Tieres 45-60 Minuten schmoren. Bei Bedarf etwas Brühe nachgießen. Dann die Gewürze herausnehmen und die Sauce mit Crème fraîche binden. Eventuell kann man mit etwas geriebener Zitronenschale den Geschmack abrunden. Die Nadeln lösen und anrichten.

Wirsingrollen

4 große Wirsingblätter, ½ l Wasser, 4 Scheiben durchwachsener Bauchspeck, 4 Hirschsteaks, Salz, Pfeffer, grob zerstoßene Wacholderbeeren, 4 Blättchen Salbei, ¼ l Brühe, ⅛ l Sahne, 1 Teelöffel Tomatenmark, 1 Zwiebel, Fett zum Anbraten

Die Wirsingblätter in das kochende Wasser geben und 2 Minuten blanchieren. Abtropfen lassen. Die Steaks mit den Wacholderbeeren und 1 Salbeiblatt würzen und zunächst in Speck, dann in den Wirsing einschlagen. Mit Garn umwickeln, in heißem Fett anbraten und mit Brühe ablöschen. Alle übrigen Zutaten dazugeben. 30 Minuten schmoren, während der letzten 10 Minuten im offenen Topf, damit ein Teil der Flüssigkeit verdampft. Die Nadeln oder das Garn entfernen, die Rouladen mit Sauce übergießen und zu Bratkartoffeln servieren. **Tip:** Noch herzhafter schmeckt das Gericht, wenn man die Steaks vor dem Einwickeln kurz anbrät.

Rehrücken mit Preiselbeersauce

1½ kg Rehrücken, Salz, Pfeffer, Butter, einige Speckscheiben, 1 Tasse Brühe, Sauce (s. S. 125)

Den Rehrücken waschen, trocken tupfen und mit Butter bestreichen. Salz und Pfeffer darüber

streuen. Eine feuerfeste Form mit Speckscheiben auslegen. Brühe angießen und den Rücken hineinlegen. Im vorgeheizten Ofen bei 225° C 20 Minuten braten.
Inzwischen die Sauce zubereiten (s. S. 125). Sie wird getrennt zum Rücken gereicht. Den Rücken auslösen, das Fleisch in Scheiben schneiden und wieder in das Gerippe setzen. Mit Bauernspätzle (s. S. 120) servieren.

Hirschkalbsrücken mit Apfelgratin

Sie bereiten den Hirschkalbsrücken zu wie den Rehrücken (s. S. 68). Die Bratzeit beläuft sich allerdings auf 45 Minuten. Dazu servieren Sie ein Apfelgratin (s. S. 118), das Sie während der letzten 15 Minuten im Ofen mitbacken.
Außerdem servieren Sie zu diesem Gericht Rotkohl oder Rosenkohl, in Butter geschwenkt. Geschmorte Waldpilze sind ebenfalls eine delikate Beilage.

Wildschweinbraten mit Hagebuttensauce

1 kg Wildschweinfleisch ohne Knochen, 40 g Butter, Salz, Pfeffer, 1/4 l Brühe, 1/8 l Rotwein, 50 g Hagebuttenmarmelade, 1 Eßlöffel Zitronensaft, 1 Becher saure Sahne, 1 Eßlöffel Mehl, Petersilie, 2 Kiwis
Marinade: 1 l Buttermilch, 5 Wacholderbeeren, 2 Pimentkörner, 5 Pfefferkörner, 1 Lorbeerblatt, 1/8 l Rotwein

Die Marinade herstellen und das Fleisch 24 Stunden darin beizen. Danach herausnehmen und trocken tupfen. Mit Salz und Pfeffer einreiben. Die Butter in einem Bratentopf erhitzen. Das Fleisch rundum schön braun anbraten. Brühe und Rotwein angießen. Den Deckel auflegen und im vorgeheizten Backofen bei 225° C je nach Alter des Tieres

2-2½ Stunden garen. Die Sahne mit dem Mehl verquirlen. Den Braten aus dem Saucenfond nehmen, im Backofen warm halten, bis die Sauce zubereitet ist. In den Fond rühren Sie mit einem Schneebesen die Marmelade sowie den Zitronensaft und dicken ihn mit der Sahne an.

Das Fleisch in Scheiben schneiden, auf eine Platte legen, mit etwas Sauce überziehen, mit gehackter Petersilie überstreuen und mit den in Scheiben geschnittenen Kiwis garnieren. Die restliche Sauce getrennt reichen.

1. Tip: Reste des Bratens lassen sich gut einfrieren; wegen der mit Mehl gebundenen Sauce sollte man sie aber innerhalb von 3 Monaten auftauen und verzehren.

2. Tip: Kalte Bratenreste schmecken gut mit der Hagebuttensauce nach dem Rezept von S. 124.

Wildschweinkeule mit Thymian

1½ kg Wildschweinkeule, Marinade (s. S. 70), Schmalz zum Braten, 10 abgezogene Zwiebeln, grob gemahlener Pfeffer, Salz, 2 Lorbeerblätter, 4 Nelkenköpfe, 4-6 Zweige Thymian, ¼ l Wildbrühe (s. S. 38), ¼ l kräftiger Rotwein, 1 Becher Crème fraîche

Die Marinade herstellen und die Keule 2 Tage hineinlegen. Öfter wenden. Danach trocken tupfen und in Schmalz braun anbraten. Den Ofen auf 225° C vorheizen. Die Zwiebeln kurz mit anbraten, dann wieder herausnehmen. Die Keule jetzt würzen und mit dem Thymian belegen. Seitlich Brühe und Wein angießen und den Bratensatz damit lösen. Die Gewürze hineingeben und den Braten im Ofen 1 ½-2 Stunden, je nach Güte des Fleisches, garen. Während der letzten 10 Minuten die Zwiebeln mitschmoren. Die Lorbeerblätter herausnehmen. Zum Schluß einen Becher Crème fraîche über den Braten gießen und noch einmal überbräunen.
Tip: Man kann mit der Crème fraîche noch geriebenen Käse darüberstreuen.

Kaninchen mit Backobst

250 g Backobst, ½ l Apfelwein, 1 küchenfertiges Kaninchen, 1 Teelöffel Zitronenpfeffer, 1 Teelöffel getrockneter Majoran, 1 Teelöffel getrockneter Thymian, Salz, 40 g Schmalz, 20 g Mehl, ¼ l Brühe

Das Obst 2 Stunden in dem Apfelwein einlegen. Das Kaninchen mit den Kräutern und Gewürzen innen und außen einreiben. In heißem Schmalz braun anbraten. Mit Brühe angießen. In den Ofen stellen und bei 225° C 75 Minuten garen. Danach das Backobst mit dem Apfelwein dazugeben. Etwas

Flüssigkeit zum Anrühren des Mehls zurücklassen. Nochmals 30 Minuten schmoren, dieses Mal bei offenem Topf. Das Fleisch öfter begießen. Zu Ende der Bratzeit den Sud leicht binden. Das Fleisch in 8 Portionen teilen.
Dieses französische Gericht wird mit Stangenweißbrot und Obst serviert. Die Sauce gießt jeder nach Geschmack über das Fleisch. Dahinein stippt man abgebrochene Brotstücke.

Ingwer-Fasan

1 Fasan, Ingwerpulver, Speckscheiben, Butter zum Anbraten, 2 Zwiebeln, 1/4 l Brühe, 1/8 l Weißwein, 2 große, in Sirup eingelegte Ingwerpflaumen, 100 g Champignons, 1/4 l Sahne, 50 g Rosinen

Den Fasan mit Ingwerpulver einreiben, mit dem Speck umwickeln und anbraten. Die Zwiebeln würfeln und mitbraten. Mit Brühe und Wein ablöschen, 30 Minuten schmoren. Danach den Ingwer hacken und in die Sahne rühren. Diese wird zusammen mit den Rosinen und geblätterten Champignons über den Fasan gegossen, der dann unter öfterem Begießen weiterschmoren muß, bis er weich ist. Die Sauce zuletzt auf die Hälfte einkochen und getrennt zu Tisch geben.
Dazu: Kartoffelgratin (s. S. 123).

Fasan, reich dekoriert

1 küchenfertig vorbereiteter Fasan, Salz, Pfeffer, 1 Eßlöffel Butter, 1 Tasse Wasser, 1 Tomate, Crème fraîche
Beilagen: 1 kleine Dose Sauerkraut (für 2 Portionen), 1 kleine Dose Ananas, einige Weintrauben oder frische Mandarinen, 1 Eßlöffel Rosinen, Salz, Pfeffer, 1 Tasse Weißwein, 1 Eßlöffel Butter, 1 kleines Glas Schattenmorellen (oder Brombeeren), etwas Speisestärke, 1 Eßlöffel Kirschwasser

Den Fasan am Brustbein und längs des Rückgrats halbieren und dann quer vierteln. Die äußeren Seiten mit Butter bestreichen, salzen und pfeffern. Die Stücke in eine Auflaufform legen, mit den eingefetteten Seiten nach oben, Wasser angießen. Die Tomate abziehen, vierteln und dazugeben. Den Fasan im vorgeheizten Backofen bei 225° C etwa 30 Minuten knusprig braun braten. Den Bratensatz mit Crème fraîche binden. Sollte zuviel Wasser verdampfen, gießt man nach, damit der Boden der Form gut bedeckt ist. Inzwischen das Sauerkraut in

Butter und Wein weich kochen. Während der letzten 5 Minuten die Rosinen und Weintrauben mitkochen. Mit Salz und Pfeffer abschmecken. Ananas erhitzen. In einem anderen Topf den Kirschsaft aufkochen und mit Stärkemehl leicht binden. Die Kirschen darin erhitzen, mit Kirschwasser parfümieren.
Der Fasan wird in die Mitte einer großen vorgewärmten Platte gelegt, drumherum garnieren Sie das Sauerkraut, die Ananas und Kirschen. Schmeckt mit Landbrot ebenso gut wie mit Kartoffeln.

Gefüllter Fasan

1 Fasan, Butter, 3 Eßlöffel Paniermehl, 1 Scheibe geräucherter Schinken, 2 Eßlöffel gehackte Petersilie, 1 Eßlöffel gehackter Porree, Salz, Pfeffer, 1 Scheibe geräucherter Speck, 2 Zwiebeln, 1 Knoblauchzehe, 100 g Champignons, 1 Eßlöffel Kapern, 3 Eßlöffel Sherry, 1 Messerspitze getrockneter Thymian, abgeriebene Schale von ¼ Zitrone, 1 Eßlöffel Tomatenmark, 6 Eßlöffel Sahne

Leber und Herz des Fasans ganz fein hacken, in Butter bräunen. 2 Eßlöffel Butter geschmeidig rühren. Das Paniermehl und die abgekühlte Lebermischung unterrühren. Zerkleinerten Schinken, die Petersilie und den Porree zugeben, salzen und pfeffern. Diese Masse in den gesalzenen

Fasan füllen, zunähen und mit Speck umwickeln. Anbraten, mit etwas Wasser ablöschen und ca. 1 Stunde braten, dann warm stellen. Zwiebeln, Knoblauch, Champignons und Kapern fein hacken und in gebräunter Butter einige Minuten rösten, mit Sherry auffüllen und zum Bratensaft geben. Thymian, Zitronenschale, Tomatenmark und Sahne hinzufügen, durchkochen lassen und mit Salz und Pfeffer abschmecken. Den Fasan zerlegen und mit der passierten Sauce übergießen.
Dazu Kartoffelgratin (s. S. 123) reichen.

Wildtauben auf Rosmarinkartoffeln

2 Wildtauben, Salz, Pfeffer, einige Blättchen frischer Salbei, 750 g Kartoffeln, 1/8 l Olivenöl, Salz, Pfeffer, einige kleine Rosmarinzweige, 1/8 l Weißwein

Die Tauben halbieren, mit Salz und Pfeffer einreiben. In die Mitte einer großen flachen Auflaufform einige Salbeiblätter legen. Die Tauben mit der fleischigen Seite nach oben darauf anrichten. Die Kartoffeln schälen und in hauchdünne Scheiben schneiden. Um die Tauben legen. Mit Olivenöl beträufeln, mit Salz und Pfeffer bestreuen. Einige Rosmarinzweige zwischen die Kartoffeln geben. 30 Minuten im vorgeheizten Ofen bei 225° C braten. Dann den Weißwein angießen und nochmals 15 Minuten schmoren. In der Form servieren.
Feldsalat schmeckt gut dazu.

Enten mit Zitronensauce

2 Wildenten, Salz, Pfeffer, Öl, einige Scheiben geräucherter, durchwachsener Bauchspeck, Zitronensauce (s. S. 128)

Die Enten außen und innen würzen. Mit Öl bestreichen. Auf den Rost des Backofens legen, die

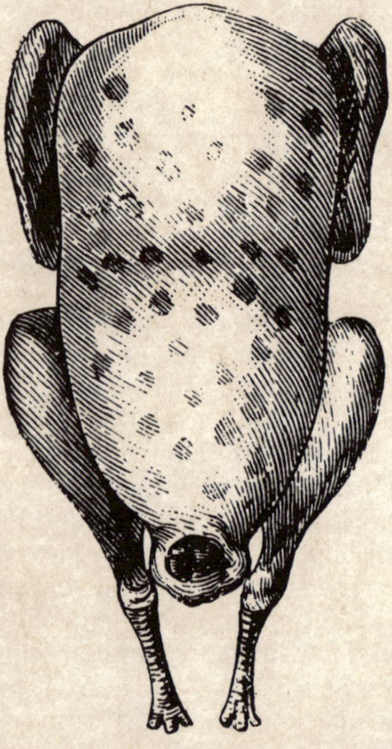

Auffangpfanne mit etwas Wasser unterschieben. Kroß braten. Den Speck in einer Pfanne auf dem Herd kroß ausbraten.
Die Enten zerteilen, auf eine vorgewärmte Platte legen und mit den Speckstreifen umlegen. Die Sauce getrennt reichen.

Wachteln mit Lauchgemüse

4 Wachteln, Salz, Pfeffer, 2 Zwiebeln, 40 g Butter, 500 g Lauch, 1/8 l Wildbrühe (s. S. 38), Muskat, 1/8 l Sahne, Zitronensaft

Die Wachteln halbieren und würzen. Mit den feingehackten Zwiebeln in Butter langsam braun anbraten. Den Lauch putzen und in fingerlange und -dicke Streifen schneiden. Die Wachteln aus dem Fett nehmen und im vorgeheizten Ofen bei 225° C 10 Minuten nachbraten. Inzwischen den Lauch in dem Bratfett anschmoren, würzen und mit Brühe ablöschen. Bei offenem Topf die Flüssigkeit schnell einkochen. Die steifgeschlagene Sahne unterheben, mit Zitronensaft abschmecken und auf eine Platte zusammen mit den Wachteln anrichten.
Beilage: Bratkartoffeln.

Gefüllte Wachteln

8 Wachteln, getrüffelte Gänseleberpastete, Salz, Pfeffer, 40 g Butter, 1 Becher Crème fraîche

Die Wachteln mit der Gänseleberpastete füllen und zunähen. Mit Salz und Pfeffer einreiben und in Butter rundum anbraten. Danach mit der Brust nach oben in eine feuerfeste Form legen. Den Bratensatz mit Crème fraîche loskochen, seitlich an das Geflügel gießen und alles im Ofen 15 Minuten bei 200° C schmoren.

Rebhühnchen auf Sauerkrautbett

4 Rebhühner, Salz, Pfeffer, 1 Knoblauchzehe, 2 Zwiebeln, 50 g durchwachsener Bauchspeck, 1 Eßlöffel Öl, 1 Teelöffel getrockneter Majoran, einige Rosmarinnadeln, 6 Wacholderbeeren, 500 g Sauerkraut, 3 Äpfel, 1 Glas Apfelwein, ¼ l Brühe, ⅛ l Crème fraîche, 1 Prise Zucker

Die Rebhühnchen innen und außen salzen und pfeffern.Die Knoblauchzehe hacken, die Zwiebeln und den Speck würfeln. Die Rebhühner in heißem Öl und in dem Speck anbraten. Knoblauch und die Zwiebeln mitbraten. Die Gewürze dazugeben. Die Hühnchen herausnehmen. Die Äpfel schälen, das Kerngehäuse herausschneiden, in Stücke teilen. Das Sauerkraut in dem Fett kurz anbraten, die Äpfel untermengen.

Eine Auflaufform mit Deckel ausfetten. Das Sauerkraut hineingeben. Apfelwein und Brühe angießen. Die Rebhühnchen obenauf legen. Den Topf schließen und in den vorgeheizten Ofen schieben. Bei 225° C 45 Minuten schmoren. Danach den Deckel abheben. Die Crème fraîche über die Hühnchen gießen und diese in etwa 10 Minuten goldbraun backen. An das Sauerkraut vorsichtig etwas Zucker geben.
In der Form servieren.
Beilage: Klöße.

Rebhuhn auf Apfelbett

2 Rebhühner, 4-8 Speckscheiben, Salz, Pfeffer, 20 g Butter, ¼ l Sahne, 4 säuerliche Äpfel, 2 Eßlöffel Butter

Die Äpfel schälen, aber nicht zerteilen. Das Kerngehäuse ausstechen. In dicke Scheiben schneiden. Diese in Butter leicht anbraten und eine Auflaufform fächerartig damit auslegen. Die Rebhühner mit Speck umwickeln und in Butter rundherum anbraten. Den Speck entfernen, das Geflügel salzen, pfeffern und auf die Apfelscheiben legen. Den Bratenfond mit Sahne loskochen und über die Rebhühner gießen.
Im Ofen bei 225° C ca. 30 Minuten garen, dabei ab und zu etwas Sahnefond wieder über die Vögel gießen.

Eigene Rezepte + Notizen

Tinte

In der Pfanne gebraten

Hirschtoast mit Brombeerbutter

4 Hirschkalbmedaillons, Salz, Pfeffer, 4 Scheiben Speck, 1 Eßlöffel Öl, 4 Scheiben Ananas, 4 Scheiben Toastbrot, etwas Knoblauchbutter

Die Medaillons würzen und in den Speck wickeln. In Öl von allen Seiten braun braten. Ebenso die Ananas schmoren. Das Brot toasten und mit Knoblauchbutter dünn bestreichen. Die Medaillons und die Ananasscheiben darauflegen. Dazu Brombeerbutter (s. S. 127) servieren.

Hasenfilets „Agnes Dürer“

Weil Albrecht Dürer sie so gern aß, bereitete Frau Agnes ihm häufig diese Filets zu. Hier das Rezept im Originalwortlaut:
„1. Man löse von einem Hasen-Rücken behutsam die beiden Filets aus und thue sie beiseite. Sodann koche man die zerkleinerten Hasen-Knochen mit Suppengrün, einem Zweiglein Thymian, einem halben Lorbeerblatt, Pfefferkörnern und einer halben Bouteille Rothwein zwei Stunden aus.
2. Man brate die Hasen-Filets in Butter 5 Minuten rundherum kräftig an, thue Salz und Pfeffer daran und halte sie bis zum Gebrauche warm. Unterdessen koche man die zuvor durchgeseihte Hasen-Essenz stark ein und schlage, damit sie sämig wird, abseits vom Feuer 50 Gramm Butter darunter.

3. Man richte die in schräge Tranchen geschnittenen Hasen-Filets gefällig auf warmen Tellern an, gieße die Sauce darüber und gebe das Gericht sogleich zu Tisch."
Frau Agnes servierte dazu Semmelknödel und Preiselbeerkompott. Servieren Sie, wenn Sie das nicht mögen, Apfelgratin, Nudeln oder Bauernspätzle dazu.
Da Frau Agnes Dürer dieses Gericht nur für ihren Mann und sich selbst zubereitete, also nicht für die Gesellen, ist das Rezept auf 2 Personen beschränkt.

Schaschliks

Wildfleisch (Reh, Hirsch, Hase, Kanin) für 4 Spieße, Salz, Pfeffer, Champignons, kleine Zwiebeln, durchwachsener Bauchspeck, Salbeiblättchen, Öl

Je nach Größe der Spieße brauchen Sie mehr oder weniger Fleisch. Dieses in 4 x 4 cm große Würfel schneiden, salzen und pfeffern.
Spieße ölen, damit man das Fleisch bei Tisch leichter abstreifen kann. Den Speck rollen. Nun die Zutaten in beliebiger Reihenfolge an die Spieße stecken. Nochmals leicht ölen und unter dem Grill oder in der Pfanne von allen Seiten braten.
Servieren Sie dazu Reis und Sanddornrahmsauce (s. S. 127).

Mit Maronenpüree gefüllte Rehsteaks

4 dick geschnittene Rehsteaks, Salz, Pfeffer, Maronenpüree (s. S. 117), Fett zum Braten, 1 Glas Sherry, ½ Tasse saure Sahne

In die Steaks große Taschen schneiden, innen salzen und pfeffern, mit dem Püree füllen. Sorgfältig mit Rouladennadeln zustecken. Von außen würzen. In einer heißen Pfanne in Fett von beiden Seiten jeweils 5-6 Minuten braun braten. Auf eine vorgewärmte Platte legen. Die Nadeln herausziehen. Den Bratensatz mit Sherry und Sahne loskochen und über die Steaks gießen.
Dazu schmecken besonders gut kleine gekochte Kartoffeln, die Sie in einer anderen Pfanne in Butter und Zucker (je 1 Eßlöffel voll) karamelisieren, und frisches Waldbeerkompott.

Rehsteaks mit Apfelscheiben und Nußsauce

4 Rehsteaks, Wildgewürz, 8 Salbeiblättchen, 1 Eßlöffel Butter, 2 Äpfel, Nußsauce (s. S. 126)

Die Rehsteaks klopfen und mit Wildgewürz nur schwach würzen. Auf jede Seite mit einem Hölzchen ein Salbeiblatt anheften. Die Äpfel ausbohren und in dicke Scheiben schneiden. Die Rehsteaks in schäumend heißer Butter von der

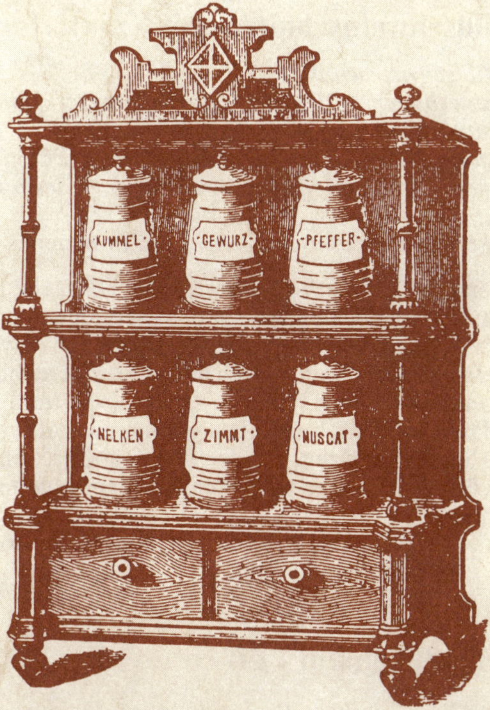

einen Seite braten. Wenn Sie sie umdrehen, die Apfelscheiben mit hineinlegen und braten. Die Steaks anrichten, die Hölzchen mit den Salbeiblättern entfernen. Die Apfelscheiben auflegen und mit Nußsauce übergießen.

Wildschweinschnitzel mit Kräuterfarce

4 Wildschweinschnitzel, Salz
Kräuterbutter: 4 Blättchen Salbei, einige zerkleinerte Rosmarinnadeln, je 2 Zweige Thymian und Majoran, 1 Zwiebel, 1 Knoblauchzehe, 2 Eßlöffel Butter, Zitronenpfeffer, 1 Prise Zucker, ½ Teelöffel Senf
Dekoration: Borretschblüten oder Zitronenmelisse

Zuerst die Kräuterbutter herstellen. Dazu alle Kräuter fein hacken und mit dem Senf und den Gewürzen in die Butter kneten. Die Schnitzel von beiden Seiten damit bestreichen. 1 Stunde stehen lassen, dann in der Pfanne braten. Die Butter zerläuft, die Kräuter bleiben großenteils haften. Die Schnitzel salzen, mit der Butter übergießen, mit Borretschblüten oder Zitronenmelisse obenauf garnieren.
Beilage: Ausgebackene Champignons (s. S. 116).

Frikadellen mit Pfiff

500 g Wildfleisch (z. B. Bauchlappen, Fleisch von Hasenläufen, Rehhals), 50 g geräucherter Schinken, 1 Ei, Salz, 2 Teelöffel grüner Pfeffer, 1 Teelöffel Wildgewürz, 1 eingeweichtes und ausgedrücktes Brötchen oder 2 Eßlöffel Paniermehl, 1 unbehandelte Zitronenschale, 1 Eßlöffel gehackte Zitronenmelisse, 1 Zwiebel, 1 Knoblauchzehe, Öl zum Braten

Das Fleisch und den Schinken durch den Fleischwolf drehen. Dann mit allen feingewiegten Zutaten verkneten und 4-6 flache, runde Frikadellen daraus formen. Im heißen Öl von beiden Seiten 5 Minuten braun braten. Öfter mit dem Fett begießen.

Fasanenbrüstchen à la bonne femme

8 gekochte Fasanenbrüstchen, Salz, 1 Teelöffel rote Beeren (Rosa Pfeffer), 2 Eßlöffel Butter, 2 Möhren, 100 g Champignons, 1 Stange Lauch, 1 Fenchelknolle, 2 Zwiebeln, 1 Stück Staudensellerie, 1 Knoblauchzehe, ½ Sträußchen Petersilie, Fenchelgrün, 1 Eßlöffel Sahneschmelzkäse

Zunächst das Gemüse vorbereiten. Es wird geputzt, gewaschen und in fingerlange, streichholzdünne Stäbchen geschnitten (julienne). Die Pilze allerdings schneidet man in Scheiben.
Die Kräuter hacken. Die Brüstchen leicht salzen und die Beeren fest andrücken. In heißer Butter braun braten. Danach auf eine Platte legen und warm stellen. Inzwischen in dieser Pfanne das Gemüse schmoren. Da es beim Servieren noch knackig sein soll, wird keine Flüssigkeit zugegeben. Man läßt lediglich Sahneschmelzkäse darin zerlaufen und bindet so das Ganze leicht ab. Diese Masse auf die Brüstchen packen, mit Kräutern bestreuen und mit Kartoffelpüree servieren.

Eigene Rezepte + Notizen

Tinte

Flambierte Gerichte

Brennender Fasan

2 Fasane, Salz, Pfeffer, 80 g Butter, ½ Dose Pfirsiche, ½ Dose Reineclauden, 1 Dose Mandarinen, 2 Eßlöffel Maraschinokirschen, 1 Glas Whisky

Die Fasane innen und außen salzen und pfeffern, mit Butter anbraten und gar schmoren (ablöschen nur mit dem Saft der Früchte). Die Früchte warm stellen. Jeden Fasan in 4 Teile zerteilen und in eine Flambierpfanne legen. Mit dem warmen Obst umlegen, mit Whisky begießen, anzünden und flambieren.

Flambierte Rehsteaks auf Ananas

4 Rehsteaks, 4 Scheiben Ananas (aus der Dose, gut abgetropft), Salz, grüne Pfefferkörner, 2 Eßlöffel Öl, 1 Eßlöffel Butter, 1 Suppenkelle voll Kirschwasser

Eine Flambierpfanne leicht ölen und erhitzen. Die Steaks würzen (die Pfefferkörner ins Fleisch drücken) und beidseitig 6-8 Minuten braten. Die Ananas mitschmoren. Zum Schluß einen Stich Butter in die Pfanne geben. Kirschwasser in einer Suppenkelle über dem Rechaud anwärmen. Leicht schräg halten, damit die Flamme hineinschlagen kann. Brennend über die Steaks und die Ananas gießen. Sofort servieren.

Gefüllte Hirschmedaillons

4 Hirschmedaillons, Wildpastete, Salz, Pfeffer, zerdrückte Wacholderbeeren, 1 Eßlöffel Öl, 1 Eßlöffel Butter, ½ Tasse Sahne, einige Himbeeren, 1 Suppenkelle voll Waldhimbeergeist

Die Medaillons zu einer Tasche aufschneiden und mit Scheiben von der Pastete flach füllen. Mit

Rouladennadeln zustecken, salzen und pfeffern. Die Pfanne ölen. Die Steaks mit den Wacholderbeeren darin braten, zum Schluß der Bratzeit Butter aufschäumen lassen sowie Sahne und Himbeeren hineingeben. Den Himbeergeist erwärmen, anzünden und über die Steaks gießen.

Wachtelbrüstchen in Wacholdersauce

8 Wachteln, Salz, 20 g Butter, ½ l Wildbrühe,
1 Suppenkelle Gin
Sauce: 2 Eßlöffel zerdrückte Wacholderbeeren, 50 g durchwachsener, gewürfelter Bauchspeck,
2 Schalotten, 1 Eßlöffel Butter, je ½ Tasse Rotwein und Wildbrühe, ⅛ l Crème fraîche

Zunächst die Sauce zubereiten. Die Schalotten würfeln. Alle festen Zutaten in Butter braun anbraten. Mit Rotwein und Brühe ablöschen und auf die Hälfte einkochen. Durchseihen und mit Crème fraîche verfeinern.
Die Wachteln halbieren, salzen und in Butter in einer Pfanne vorbraten. Den Bratensatz mit Brühe auffüllen, einen Deckel auflegen. Die Brüstchen weich schmoren und vorsichtig von den Knochen lösen.
Die Wacholdersauce in eine Flambierpfanne gießen, die Brüstchen hineinlegen, mit Gin begießen und anzünden.

Eigene Rezepte + Notizen

In Fett ausgebacken

Rehstreifen in Bierteig

500 g Rehgeschnetzeltes, Bierteig (s. S. 116), Öl oder Pflanzenfett zum Ausbacken

Das Fleisch trocken tupfen und durch den Bierteig ziehen. Mit einer Schaumkelle in reichlich heißem Fett braun ausbacken.
Dazu Kartoffelgratin (s. S. 123) oder Apfelgratin (s. S. 118) und Preiselbeerkompott reichen.

Wildkroketten

500 g gekochtes Wildfleisch, 50 g Schinken, 2 Zwiebeln, 1 Eßlöffel Butter, Majoran, 1 Tasse Wein (bei dunklem Fleisch Rotwein, bei Geflügel Weißwein)
Brandteig: 1/4 l Wasser, 40 g Butter, 1 Prise Salz, 150 g Mehl, 3 Eier, 1 Messerspitze Backpulver

Zunächst den Brandteig herstellen: Wasser, Butter und Salz aufkochen. Das Mehl in einem Arbeitsgang hineinschütten, kräftig schlagen, so daß ein fester Kloß entsteht. Diesen so lange im Topf bewegen, bis sich am Topfboden ein weißer Mehlfilm absetzt. Den Kloß in eine große Schüssel geben und leicht auskühlen lassen. Danach die Eier einzeln hineinschlagen.
Das Wildfleisch, den Schinken und die Zwiebeln würfeln. In Butter anbraten, mit dem Wein

ablöschen und einkochen, bis alle Flüssigkeit verdampft ist. Auskühlen lassen und in den Teig arbeiten. Zum Schluß das Backpulver zugeben. Den Teig gut durchkneten, fingerlange Kroketten daraus formen und diese in heißem Fett goldgelb backen.

Speckfleisch

500 g Bratenreste (ohne Sauce), für jeden Fleischwürfel 1 Scheibe durchwachsener Speck und 1 Zwiebelscheibe, Holzspießchen, Fett zum Ausbraten

Das Fleisch in große Würfel schneiden. Auf jeden Würfel 1 Zwiebelscheibe legen. Mit Speck umwickeln und mit Holzspießchen feststecken. In reichlich Fett schwimmend kroß braten.
Zum Speckfleisch schmecken geschmorte Äpfel und Kartoffelpüree.

Pasteten/Terrinen

Wildschweinpiroggen

1 Paket Tiefkühlblätterteig (auftauen, ausrollen, Plätzchen von 12 cm Durchmesser ausstechen), 2 Eigelb zum Bestreichen
Füllung: 1 Zwiebel, 200 g frische Champignons, 250 g Bratenreste vom Wildschwein, 50 g Butter, Salz, Pfeffer, 1 Eßlöffel Mehl, 1/8 l Sahne, 1 Bund Petersilie, 2 hartgekochte Eier, Muskat

Das Bratenfleisch würfeln, die Zwiebeln fein hacken, die Pilze würfeln. Alles in Butter anbraten, würzen und mit Mehl bestäuben. Die Sahne zufügen. Die Petersilie und die Eier fein hacken und mit der Fleischmischung vermengen. Mit Muskat abschmecken. Auf jedes Teigplätzchen etwas Füllung geben. Die Ränder mit Eigelb bestreichen. Die Plätzchen zusammenklappen, die Ränder fest andrücken. Mit Eigelb bestreichen und goldbraun abbacken.
Anmerkung: Sie können auch Hefeteig oder salzigen Mürbeteig verwenden.

Hasenfilets in Blätterteig

2 Hasenfilets, Salz, 2 Eßlöffel Öl, 1 Paket Tiefkühlblätterteig (aufgetaut), 1 Eigelb
Paste: 1 Eßlöffel grüner Pfeffer, 1 Zweig frischer Rosmarin, 2 Zweige Thymian, 1 Zwiebel,

1 Knoblauchzehe, 1 Bund Petersilie, 3 Borretschblätter, 1 Eßlöffel Johannisbeergelee, 1 Eßlöffel Tomatenmark, etwas Rotwein

Die Hasenfilets salzen und in Öl rundum braun anbraten (jede Seite 3-4 Minuten). Für die Paste alle Kräuter fein „wiegen", die Zwiebel und Knoblauchzehe fein würfeln. Mit so viel Tomatenmark, Rotwein und Johannisbeergelee mischen, daß eine breiige Paste entsteht. Den Pfeffer zugeben.
Die gebratenen Filets rundherum damit einstreichen, in Alufolie drehen und 1 Stunde ruhen lassen. Den Blätterteig ausrollen, in 2 Stücke aufteilen. Jedes Filet darin einrollen. Die Teigränder mit Eigelb bestreichen, fest andrücken. Obenauf mit Eigelb bestreichen und auf ein mit kaltem Wasser abgespritztes Backbleck legen. Bei 175° C backen, bis der Blätterteig schön braun ist.
Dazu servieren Sie: Tomatensalat, Broccolimus (s. S. 119) oder Maronenpüree (s. S. 117).

Hasenterrine

500 g gebratenes Hasenfleisch, 250 g Gehacktes (möglichst Rindertartar), 250 g frische Champignons, 100 g fetter Speck, 2 Zwiebeln, 1 Teelöffel Butter, 50 g Walnüsse, 3 Eßlöffel Mehl, 3 Eßlöffel Sahne, 2 Eier, 4 cl Wacholderschnaps, je ½ Teelöffel

getrockneter Thymian und Majoran, einige Rosmarinnadeln, 1 Messerspitze Nelkenpulver, Pfeffer, Salz, eventuell Zucker
Für die Form: einige Scheiben fetter Speck

Das Hasenfleisch durch den Fleischwolf drehen, die Zwiebeln hacken und in Butter glasig braten. Die Walnüsse hacken. Die Pilze blättrig schneiden. Diese und alle anderen Zutaten zu einer homogenen Masse verkneten. Die Auflaufform mit den Speckscheiben auslegen. Den Fleischteig darauffüllen, den Deckel auflegen und in den vorgeheizten Backofen schieben. 90 Minuten bei 200° C garen.

Kaninchenpastete

Teig: 250 g Mehl, 125 g weiche Butter, ½ Teelöffel Salz, einige Eßlöffel Sahne
Pastete: 1 kleines gebratenes Kaninchen, 1 Zwiebel, 1 Knoblauchzehe, Salz, Pfeffer, 2 Eßlöffel Speckwürfel, je ½ Teelöffel Thymian und Rosmarin, 2 Eier, 2 Stück Saucenlebkuchen, 4 cl Whisky
Aspik: ¼ l Weißwein, 2 cl Wermut, 1 Eßlöffel Weißweinessig, 6 Blatt weiße Gelatine
Außerdem: einige Lorbeerblätter, einige ungespritzte, schöne junge Tannenzweiglein

Aus den Teigzutaten einen geschmeidigen Knetteig herstellen. Nur so viel Sahne verwenden, daß der Teig bindet. Eine Springform von 26 cm Durchmesser mit Backpapier auslegen. Den Teig ausrollen und hineinlegen. Dabei den Rand so hoch wie möglich ziehen. 10 Minuten vorbacken.
Das Fleisch durch den Fleischwolf drehen. Die Zwiebel sowie den Knoblauch würfeln und mit dem Speck glasig braten. Den Lebkuchen mit dem Whisky tränken. Alle Pastetenzutaten vermengen. In die Form streichen und bei 200° C 40 Minuten backen.
Inzwischen den Aspik herstellen, indem man die Gelatine nach Vorschrift quellen läßt, auflöst und mit den übrigen Zutaten verrührt.
Die Pastete in der Form auskühlen lassen. Tannenzweige und Lorbeerblätter darauf garnieren. Mit dem flüssigen Aspik übergießen und gut durchkühlen.

Wildschweinpastete

Teig wie im vorigen Rezept, 1 Eiweiß, 1 Eigelb zum Bestreichen
Füllung: je 250 g Wildschwein- und Kalbfleisch, 100 g fetter Speck, 2 Zwiebeln, 1 Stange Lauch, 1 Eßlöffel Petersilie, ½ Teelöffel Majoran, 2 Eier, 1 Eßlöffel Weinbrand, Salz, Pfeffer

Den Teig vorbereiten. Das Fleisch und den Speck durch den Fleischwolf drehen. Zwiebeln und Lauch fein hacken, ebenso die Petersilie. Alle Füllungszutaten gut verkneten.
Mit ⅔ des ausgerollten Teigs eine gebutterte Kastenform ausschlagen. Dabei dürfen die Seiten ruhig überhängen. Den Fleischteig hineinstreichen. Den restlichen Teig ausrollen. In die Mitte ein kleines Loch schneiden. Die restlichen Teigseitenstreifen über den Fleischteig schlagen. Mit Eiweiß bestreichen. Die Decke auflegen und am Rand fest andrücken. Mit Eigelb bestreichen und im vorgeheizten Ofen bei 200° C 45-50 Minuten backen.
Entweder heiß als Hauptgericht oder kalt als Imbiß servieren.

Fasanenmousse

500 g gebratenes Fasanenfleisch, 100 g geräucherter Schinken, Salz, rote Beeren (= Rosa Pfeffer), 1 Eigelb, 1 Eßlöffel Weinbrand, etwas geschlagene, gesalzene Sahne (ca. ⅛ l)

Das Fasanenfleisch und den Schinken zweimal durch die feine Scheibe des Fleischwolfs treiben. Danach würzig mit den anderen Geschmackszutaten vermengen. Nur so viel Sahne nehmen, daß das Mousse zusammenhält. In eine hübsche Terrine streichen und als Abendbrot mit Brot und Sauergemüse oder mit Obst oder Salat als Vorspeise reichen.

Wildfleischsülze

300 g Wildfleisch (Bratenreste), 1 Dose Pfifferlinge, 100 g geräucherte Mettwurst, 2 Tomaten, 1 Ei, grüne Pfefferkörner nach Geschmack
Aspik: 1/8 l klare Wildsuppe, 1/8 l Weißwein, 1 Eßlöffel Weißweinessig, Salz, Pfeffer, Zucker nach Geschmack, 9 Blatt oder 1½ Päckchen gemahlene weiße Gelatine

Das Wildfleisch und die Mettwurst würfeln. Mit den abgetropften Pfifferlingen mischen. Die Gelatine quellen lassen und nach Vorschrift auflösen. Mit den übrigen Zutaten verrühren und kräftig abschmecken. In eine flache Form etwas Aspik gießen und leicht anstocken lassen. Darauf gemischt die Scheiben von den Tomaten sowie vom gekochten Ei legen. Wieder etwas Sülzflüssigkeit angießen. Die „trockenen" Zutaten darauf verstreichen, wenn auch diese Schicht fest geworden ist. Die restliche Flüssigkeit darübergießen. Darauf achten, daß sich die Sülze gut mit den festen Zutaten verbindet und keine Blasen entstehen. Einige Stunden gut durchkühlen.
Mit Toastbrot und Cumberlandsauce servieren.

Eigene Rezepte + Notizen

Beilagen/Saucen

Speckpfläumchen

Jeweils eine Backpflaume ohne Stein wird in eine Scheibe geräucherten Bauchspeck gewickelt, mit einem Zahnstocher festgehalten und in einer trockenen Pfanne knusprig braun gebraten. Serviert werden die Speckpfläumchen als Dekoration von Kurzgebratenem, von Schmorbraten oder zu den Vorspeisen.

Pilze oder Apfelringe in Bierteig

Bierteig: 125 g Mehl, 1/8 l Bier, 1 Eigelb, je 1 Prise Salz und Muskat, 1 Teelöffel Öl, Eischnee von 1 Eiweiß
Außerdem: 1 kg frische Pilze (z. B. Champignons) oder 4-5 Äpfel, Fritierfett

Die Teigzutaten (ohne Eischnee) verschlagen und 30 Minuten ruhen lassen. Danach den Eischnee unterheben. Inzwischen die Pilze putzen, waschen und trocken tupfen. Bevorzugt man Äpfel, dann werden diese gewaschen, die Kerngehäuse mit dem Apfelbohrer herausgestochen, dann in Ringe geschnitten. Das Fett stark erhitzen. Die Pilze bzw. Apfelringe durch den Teig ziehen und sofort goldbraun ausbacken. Nicht zu viele Backstücke in das Fett geben, da dieses sonst zu stark auskühlt. Die fertigen Küchlein warm halten.

Pilze, Jägerart

2 große Dosen Pfifferlinge, 100 g gekochter Schinken, 4 Zwiebeln, 1 Knoblauchzehe, 40 g Kräuterbutter, Salz, grob gemahlener schwarzer Pfeffer, ⅛ l saure Sahne, 1 großes Bündchen Petersilie

Die Pilze abtropfen lassen, das Pilzwasser auffangen. Den Schinken und die Zwiebeln würfeln. Die Knoblauchzehe fein hacken. Alles in Kräuterbutter anbraten. Mit dem Pilzwasser ablöschen, würzen, etwas einkochen lassen und dann die saure Sahne zugeben. Die Petersilie hacken und erst zum Schluß unterheben.

Maronenpüree

500 g Maronen (Eßkastanien), 40 g Butter, 1 Eßlöffel Zucker, ⅛ l Wildbrühe, ⅛ l Milch, 2 cl Madeira, ⅛ l Sahne, Salz, 1 Prise Pfeffer, Saft von 1 Zitrone

Die Kastanien auf dem Rücken kreuzweise einritzen. Im Backofen bei 200° C rösten, bis die Haut abplatzt (ca. 10 Minuten). Schälen und in Butter und Zucker leicht karamelisieren. Mit Brühe und Milch loskochen und weich schmoren. Im Mixer pürieren. Die Sahne steif schlagen und mit dem Madeira unterheben. Würzen und mit Zitronensaft abschmecken.

Maronenpüree serviert man als Beilage zu Wildbraten. Es dient oft als Füllung für Wildgeflügel.

Apfelgratin

500 g gekochte Kartoffeln, 500 g säuerliche Äpfel, Saft von 1 Zitrone, 1 Teelöffel getrockneter Estragon, Butter zum Fetten der Form, ¼ l Sahne, 1 Ei, 1 Eigelb, Salz, Pfeffer, frisch geriebener pikanter Käse (z. B. Gouda, Emmentaler, Chester), Butterflöckchen

Eine Auflaufform mit Butter ausstreichen. Die Äpfel schälen, das Kerngehäuse entfernen. 10 Minuten in Zitronenwasser legen. Danach abtupfen und in Scheiben schneiden. Die Kartoffeln ebenfalls scheibeln. Lagenweise in die Form packen. Mit Estragon bestreuen. Sahne und Ei verquirlen, würzen, über das Gratin gießen. Mit geriebenem Käse bestreuen, Butterflöckchen obenauf setzen. Im Ofen bei 250° C 15 Minuten backen.

Gratiniertes Broccolimus

500 g Broccoli, 50 g Schinkenwürfel, 2 Eier, 1 Eßlöffel Hartweizengrieß, Salz, Pfeffer, 1 Prise Muskat, ⅛ l Sahne, 1 Becher Crème fraîche, einige Spritzer Zitronensaft, Butter für die Form, Butterflöckchen

Den Broccoli waschen, in kleine Röschen zerpflücken und dann grob hacken. Mit den Eiern, den Schinken würfeln, dem Grieß und den Gewürzen mischen und abschmecken, in eine gefettete Auflaufform geben. Sahne, Crème fraîche und Zitronensaft schaumig rühren, über den Auflauf gießen. Butterflöckchen aufsetzen und im vorgeheizten Ofen bei 225° C 30 Minuten backen.

Bauernspätzle

Teig: 500 g Weizenmehl, 4-5 Eier, 1 Teelöffel Salz, eventuell etwas Wasser
Außerdem: 40 g Butter, 100 g Schinkenwürfel, 4 gewürfelte Zwiebeln, 4 Eier, Salz, 1 Tasse Milch

In einer Schüssel das Mehl mit dem Salz und den Eiern tüchtig verschlagen, bis der Teig Blasen wirft. Sollte er zu fest sein, kann man 1 oder 2 Eßlöffel kaltes Wasser zufügen. Den Teig gibt man in Portionen von etwa 100 g auf ein nasses Spatzenbrett, streicht ihn dünn zum Brettrand hin und schabt mit einem Tischmesser halbzentimeterdünne Streifen ins kochende Wasser. Das Messer soll während des Schneidens oder Schabens häufiger ins Wasser getaucht werden. Man läßt die Streifen so lange im kochenden Wasser sachte aufkochen, bis sie oben schwimmen. Dann fischt man die Spätzle mit einer Schaumkelle heraus und legt sie sofort in kaltes Wasser.
Den Schinken, die Zwiebeln und die Spätzle in einer Pfanne braten. Die Milch mit den Eiern und dem Salz verschlagen. Über die Spätzle geben, den Deckel auflegen und zu einem Kuchen stocken lassen.

Klöße mit Pilzfüllung

1½ kg gekochte Kartoffeln, 250 g Mehl, 1 Teelöffel Salz, 2 Eier
Füllung: 250 g Champignons, 1 Zwiebel, 100 g Schinkenspeck, 1 Eßlöffel Butter, 1 Eßlöffel Mehl, etwas Sahne, Salz, Pfeffer, 1 Bund Petersilie

Die kalten Kartoffeln durch eine Presse drücken. Mit den übrigen Zutaten zu einem festen Teig kneten. Die Pilze und Zwiebel hacken. Den Speck würfeln. In der Butter anbraten, mit Mehl bestäuben und nur so viel Sahne angießen, daß der Pilzbrei bindet. Abschmecken. Die Petersilie hacken und einmengen.
Den Teig zu einer 4 cm dicken Rolle formen. 4 cm dicke Scheiben davon abschneiden. In die Mitte eine Vertiefung drücken und jeweils etwas von der Füllung hineingeben. Die Klöße um die Füllung schließen und rund formen.
In siedendes Salzwasser legen und 15-20 Minuten ziehen – nicht kochen – lassen.
Sie sind gar, wenn sie oben schwimmen. Mit einer Schaumkelle herausnehmen und sofort servieren.
Tip: Klöße als Beilage brauchen viel Sauce.

Kartoffelgratin

1 kg Kartoffeln, Salz, Pfeffer, 2 Zwiebeln, 1/4 l Sahne, 1/4 l Milch, eventuell etwas Paniermehl

Die Kartoffeln schälen, waschen und in dünne Scheiben schneiden. Die Zwiebeln würfeln. Eine Auflaufform buttern. Eine Lage Kartoffeln hineinlegen, mit verschlagener Sahnemilch übergießen. Würzen. Lagenweise so weiter verfahren, bis die Kartoffeln verbraucht sind. Obenauf eventuell das Paniermehl streuen. Im vorgeheizten Ofen bei 225° C 45 Minuten backen.

Variante: Mit geriebenem Käse überbacken. Je nach Geschmack sollten Sie der Sahnemilch Muskat zusetzen.

Buchweizenpfannküchlein

1 kg Buchweizenmehl, 1/2 Teelöffel Salz, 5 Eier, Kaffee zum Anrühren des Teigs, 250 g fetter Speck, Schmalz

Aus dem Buchweizenmehl, den Eiern, dem Salz und unter Zugabe von kaltem Kaffee wird ein dickflüssiger Teig bereitet, der mindestens 4 Stunden quellen muß. Der Speck wird in dünne Scheiben geschnitten und mit Schmalz in der

Pfanne ausgebraten. Man gibt den Teig in kleinen Portionen in die Pfanne und backt von beiden Seiten Kuchen daraus.

Hagebuttensauce

Sie schmeckt köstlich zu kaltem Wildschweinbraten.

2 große Tassen Hagebutten, ½ l Wasser, Schale von 1 Zitrone, 1 Stück Zimtstange, 40 g Zucker, ⅜ l Wein, 2-3 Eßlöffel Kartoffelmehl, 1 Stich Butter

Die Hagebutten aufschneiden, die Kerne sowie inneren Haare entfernen und mit dem Wasser zum

Kochen bringen. Die Zitronenschale und Zimtstange mitkochen lassen. Sind die Hagebutten weich, entfernt man die Zitronenschale und Zimtstange, schüttet das Wasser ab und streicht die Früchte durch ein Haarsieb. Dieses Mus wird mit Wein und Zucker aufgekocht, mit Kartoffelmehl gebunden und mit dem Stich Butter verfeinert.

Preiselbeersauce

Wildbrühe: 500 g Wildknochen, 1 Stück Sellerie, 1 Stange Lauch, Salz, Pfeffer, 1 l Wasser
Außerdem: 40 g Butter, 20 g Mehl, 1/4 l Rotwein, 1/4 Wildbrühe, 2 ungespritzte Orangen, Pfeffer, Salz, 1 kleines Glas Preiselbeeren, 1 Teelöffel Senf, 1/2 Teelöffel Ingwerpulver, Crème fraîche

Die Wildknochen mit dem Gemüse anbraten, würzen, mit Wasser ablöschen. 2 Stunden kochen lassen, durchseihen. Reste dieser Brühe, die zur Sauce nicht gebraucht werden, einfrieren. So erspart man sich die Mühe, öfter einen Fond kochen zu müssen.
Die Butter zerlassen, das Mehl darin braun rösten, mit Rotwein und Brühe ablöschen, aufkochen und 5 Minuten kochen lassen. Die Orangen hauchdünn schälen. Die Schale in ganz feine Stücke schneiden. Den Saft auspressen. Diese und die restlichen Zutaten an die Sauce geben, abschmecken.

Nußsauce

50 g Paranüsse (entschalt gewogen), 40 g gekochter Schinken, 20 g Butter, 20 g Mehl, 1/8 l Wildbrühe, 1/8 l Milch, 1 Glas Weißwein, 1/2 Tasse Sahne, 1 Eigelb, 1/2 Beet Kresse

Die Hälfte der Nüsse mahlen, die andere Hälfte grob hacken. Den Schinken würfeln. Die Butter in einem Topf zerlassen, die gemahlenen Nüsse und den Schinken darin anbraten. Mit Mehl bestäuben und mit Brühe und Milch ablöschen. Die restlichen Nüsse zugeben. Die Sauce etwas einkochen. Dann mit Weißwein und dem in Sahne verquirlten Eigelb abziehen.
Die Kresse vor dem Servieren darüberstreuen.

Wacholdersauce

15-20 Wacholderbeeren, 4 hartgekochte Eier, 1 Eßlöffel Senf, 1/2 Tasse Rotwein, etwas Zucker, 1 Schuß Essig

Die Wacholderbeeren im Mörser fein zerstampfen oder in der Kaffeemühle zermahlen. Die Eigelb auslösen, durch ein Sieb streichen und zu den Wacholderbeeren geben. Mit einem Schneebesen nach und nach Senf, Öl und Rotwein hineinschlagen. Das Eiweiß hacken und hineingeben. Mit Zucker und Essig pikant abschmecken.
Die Sauce ist zu kaltem Wild sehr bekömmlich.

Brombeerbutter

250 g Butter, 250 g Brombeeren, Salz, Pfeffer, abgeriebene Schale von 1/4 Zitrone

Die trockenen Brombeeren pürieren und mit den übrigen Zutaten in die Butter kneten. Kleine Röschen auf eine Alufolie spritzen und im Kühlschrank gut durchkühlen.
Auf Steaks, zu Schaschliks und gebratenen Innereien servieren.
Tip: Butter und Brombeeren erwärmen und als Sauce zum Gericht reichen.

Sanddornrahmsauce

40 g Butter, 40 g Mehl, 1/4 l Wildbrühe (s. S. 38), 2 Eßlöffel frische Sanddornbeeren, 1/8 l Sanddornsaft, abgeriebene Schale von 1/2 Orange, 1 Becher Crème fraîche, Salz, Pfeffer, 1 Glas Sherry

Die Butter zerlassen, das Mehl darin bräunen, mit der Brühe ablöschen und aufkochen. Danach alle übrigen Zutaten hineingeben. Nur noch leicht rühren, damit die Beeren nicht zu sehr zerfallen. Abschmecken mit Salz, Pfeffer und Sherry.

Zitronensauce

250 g trockener Pumpernickel mit Kruste, 40 g Schmalz oder Butter, ½ Flasche Weißwein, 40 g Zucker, je 1 Prise geriebener Zimt und Muskatnuß, 2 Zitronen, ½ Eßlöffel Senf, 1 Eßlöffel Zitronengelee

Das Schwarzbrot in Stücke schneiden, in dem Fett anbraten und mit dem Wein ablöschen. So lange kochen lassen, bis das Brot zerfällt und weich ist. Dann treibt man die Masse durch ein Passiersieb und schmeckt mit Zucker, Zimt, Senf, Gelee und Muskatnuß ab. Die Zitronen werden geschält, gehäutet und in kleine Würfel geschnitten, die Zitronenschale wird hauchdünn geraspelt. In die Sauce geben und kurz aufkochen. Eventuell noch einmal mit Zucker nachsüßen oder mit Zitronenlikör parfümieren.
Tip: Will man einen zarteren Geschmack erzielen, dann gibt man noch einige Löffel Crème fraîche zu.

Pikante Apfelsauce

6 säuerliche Äpfel, 20 g Butter, 1 Stange Lauch, 1 Knoblauchzehe, ⅛ l Apfelsaft, ¼ l Wildbrühe (s. S. 38), 1 Teelöffel abgeriebene Orangenschale, 1 Eßlöffel Worcestersauce, Salz, 1 Teelöffel gemahlener Ingwer, 1 Prise Koriander, Cayennepfeffer

Die Äpfel schälen, das Kerngehäuse herausschneiden. In Achtel schneiden und in Butter anbraten. Das Gemüse putzen und klein schneiden. Mit anbraten. Mit Brühe und Apfelsaft ablöschen, würzen und 10 Minuten kochen lassen. Mit dem Schneebesen schaumig schlagen. Mit Cayennepfeffer scharf abschmecken.

Cumberlandsauce

1 Glas rotes Johannisbeergelee, 1 Glas Preiselbeeren, Saft und Schale von 1 ungespritzten Orange, 3 Eßlöffel Senf, 5 Eßlöffel Rotwein oder Madeira, 1 Prise Salz

Die hauchdünn geschälte Orangenschale in feine Streifen schneiden und in etwas Wasser kurz aufkochen. Abgießen und abkühlen. Nun alle Zutaten mit dem Schneebesen zu einer glatten Sauce verschlagen.
Diese Sauce sollte wenigstens einen Tag vor dem Verzehr hergestellt werden und gut durchkühlen. Man reicht sie zu kalt aufgeschnittenem Wildbraten, zu Pasteten oder zu Wildgeflügel.

Register

Vorspeisen/Salate

Suppen

Ragouts/Eintöpfe

Schmorbraten

Register

Flambierte Gerichte

In Fett ausgebacken

Pasteten/Terrinen

Register

Beilagen/Saucen

In dieser Reihe sind erschienen:

Münsterländische Küchenschätze
Schwäbische Küchenschätze
Bayerische Küchenschätze
Norddeutsche Küchenschätze
Hessische Küchenschätze
Rheinische Küchenschätze
Fränkische Küchenschätze
Romantisches Kochbuch aus Rothenburg o. d. T.
Berliner Küchenschätze
Pfälzisch-Saarländische Küchenschätze
Wiener Küchenschätze
Tiroler Küchenschätze
Salzburger Küchenschätze
Schweizer Küchenschätze
Elsässer Küchenschätze
Das kleine Backbuch für Kuchen und Torten
Das kleine Schnapsbuch
Das kleine Rumtopfbuch
Das kleine vegetarische Kochbuch
Das kleine Camping-Kochbuch
Das kleine Buch der Küchenkräuter
Meine Küchenschätze (Leerkochbuch)
Das kleine Kochbuch für 1 Person
Wildfrüchte – selbst gesammelt und zubereitet
Das Schinderhannes-Kochbuch
oder: **Das kleine Kochbuch aus dem Hunsrück**
Das kleine Fischkochbuch
Das kleine Buch der Heilkräuter
Katerfrühstück
Schnelle Gedecke für 2
Die kleine Einmachküche
„Brotzeiten"
Das kleine jüdische Kochbuch
Westfälische Küchenschätze
Meine Schätze aus der Vollwertküche

Fragen Sie Ihren Buchhändler oder schreiben Sie uns:
Wir schicken Ihnen gern unser Verlagsverzeichnis.